Dieter Wandschneider
Formale Sprache und Erfahrung
Carnap als Modellfall

problemata
frommann-holzboog   30

Herausgeber der Reihe „problemata": Günther Holzboog

© Friedrich Frommann Verlag · Günther Holzboog KG
Stuttgart-Bad Cannstatt 1975
ISBN 3 7728 0403 9 (Ln.) — ISBN 3 7728 0404 7 (Br.)

Dieter Wandschneider (* 1938), Dipl.-Phys., Dr. phil., Wiss. Assistent am Philosophischen Seminar der Universität Tübingen.

In der Entwicklung der modernen analytischen Wissenschaftstheorie hat der sog. *„Logische Positivismus"* eine überragende Rolle gespielt. Sein zentrales Anliegen kann formelhaft als „Wissenssicherung" — logische Ausweisung und empirische Fundierung wissenschaftlicher Erkenntnis — gedeutet werden. Diese Zielsetzung war vorgezeichnet. Der Erfolg der mathematischen Naturwissenschaften hatte auch in der Philosophie eine Tendenz zur „Exaktheit" ausgelöst, die in Wittgensteins „Tractatus" schließlich ihre extremste Gestalt gewinnt: Absolutsetzung des Logisch-Sprachlichen im Sinne einer völligen *Entsubjektivierung* und *Formalisierung* der Erkenntnis. Für den entstehenden Logischen Positivismus wird diese Version zum Programm — und zum Problem. *Rudolf Carnap* ist einer der entschiedensten Vertreter des Logischen Positivismus. Sein Werk, dessen Entwicklung hier analysiert wird, ist daher hervorragend geeignet, die im Formalisierungsgedanken wirksame Dialektik sichtbar zu machen. Die Auslegung zeigt, wo die entscheidende Schwäche des formalistischen Ansatzes liegt: in der bedingungslosen Ächtung eben jener *Praxis*, vermittels derer Sprache und deren Zugriff auf Wirklichkeit überhaupt nur realisierbar ist. Carnaps wirklich große Leistung besteht nicht zuletzt darin, daß seine Ansätze *radikal* durchgeführt sind und dadurch deutlich werden lassen, was abgetan und in Zukunft nicht mehr möglich ist. In diesem Sinne wird in mehr systematisch orientierten Überlegungen versucht, die hier erkennbar gewordenen Linien weiter auszuziehen: Anknüpfend an das bei Carnap offene Problem der Wahrscheinlichkeitsgeltung geht es zunächst darum, die *Verbindlichkeit* empirischen Wissens auch theoretisch faßbar zu machen. Dabei wird ein Erfahrungsbegriff entwickelt, der Erfahrung als *modellorientierte Praxis* zu deuten versucht. Konkretisiert wird dies am Beispiel des durch *Sprache* vermittelten Wirklichkeitsbezugs. Die Möglichkeit, daß Sprache sich reflexiv auf sich selbst beziehen kann, macht schließlich eine Diskussion des *Antinomienproblems* erforderlich, wobei sich Aspekte ergeben, die selbst für künstliche Sprachen einen Verzicht auf die strikte Trennung von Objekt- und Metasprache möglich erscheinen lassen.

"Logical positivism" has played a dominating role in the evolution of modern analytic epistemology. Its central consideration can be interpreted in short as "assurance of knowledge" — logical identification and empirical foundation of scientific knowledge. This goal had been predetermined. The success of the mathematical sciences had produced a trend toward "exactness" in philosophy too, which attains its ultimate form in Wittgenstein's "Tractatus": absolutisation of logic and language in the sense of a total *elimination of the subjective* and a *formalisation* of knowledge. This version becomes the program — and the problem of the arising logical positivism. *Rudolf Carnap* is one of the most dedicated representatives of logical positivism. His works, the development of which will be analyzed here, are therefore outstandingly suited to reveal the dialectic behind the concept of formalisation. The interpretation shows where the decisive weakness of the formalistic position lies: in the unconditional proscription of precisely that *activity* through which language and its relationship to reality can be realized at all. Carnap's really great accomplishment can be considered not least of all as having *radically* carried his intentions to their end, revealing thereby which positions are to be eliminated as future possibilities. In this sense then, in a more systematically oriented consideration an attempt is made to expand the indicated directions: In connection with the open question of the status of probability in Carnap, it is first of all the aim of this analysis to show how the *relevance* of empirical knowledge may be theoretically grasped. Out of this a concept can be formulated, which attempts to explain experience as a *model-oriented activity*. This is concretely exemplified through the relationship of *language* to reality. The possibility, that language can reflexively refer to itself necessitates a discussion of the *problem of antinomies*. This reveals certain aspects which present a possibility of rejecting the awkward separation of object- and metalanguage even for artificial languages.

Inhalt

Vorbemerkungen

Beim Zitieren einer Arbeit wird der Titel in einer „Kurzform" angeführt, Beispiel: „Carnap SYNTAX 74" verweist auf Carnap, „Logische
Syntax der Sprache", Seite 74. Die hier verwendeten Kurzformen sind
im Literaturverzeichnis mit angegeben. Es wird, wenn nicht anders vermerkt, grundsätzlich mit den originalen Sperrungen zitiert. Eigene Zu-
sätze innerhalb eines Zitats sind in Doppelklammern ((...)) einge-
schlossen.

Dank sagen möchte ich meinem verehrten Lehrer, Prof. Dr. Walter
Schulz, der diese Arbeit durch den ganzen Stil seiner Lehrtätigkeit und
Persönlichkeit mitgeprägt hat. Mein besonderer Dank gilt in gleicher
Weise Frau Dr. Ruth-Eva Schulz-Seitz. Ihr verdanke ich entscheidende Hinweise, insbesondere zum Problem „Modell des Modells",
das für Teil III dieser Arbeit zentral ist. Auch Herrn Dr. Christian
Krehbiel, Tübingen, und Herrn Dr. Rudolf Roßberg, Bremerhaven,
möchte ich an dieser Stelle für die freundschaftlich erwiesene Anteil-
nahme und Förderung sehr herzlich danken. Verpflichtet bin ich ferner
der Stiftung Volkswagenwerk, die durch Gewährung eines Stipendiums
während einer Zeit von über zwei Jahren zur Ermöglichung dieser
Arbeit beigetragen hat.

A Einleitung

A 1 In der Entwicklung der modernen analytischen Wissenschaftstheorie hat der sogenannte „*Logische Positivismus*" eine überragende
Rolle gespielt. Eine Ortung und Bewertung wissenschaftstheoretischer
Ansätze wird daher in keinem Falle ohne die Aufklärung der im Logischen Positivismus selbst wirksamen Motive möglich sein. Fassen wir
diese Motive formelhaft in dem Begriff „Wissenssicherung" — logische
Ausweisung und empirische Fundierung des Wissens — zusammen, so
muß gerade im Interesse der Wissenschaftstheorie gefragt werden, ob der
Positivismus seiner eigenen Intention gerecht geworden ist: ob die
Wissenssicherung, wie er sie versteht, wirklich die *Relevanz des endlichen Wissens* zu erweisen und zu begründen imstande ist. — Das hier
zugrunde liegende Problem, dies zunächst ohne nähere Begründung, betrifft das Verhältnis von Logik und Wirklichkeitserfahrung und damit von
Logik und *Praxis* — insofern Logik nämlich, die als logischer *Formalismus*
auftritt, wesentlich als Inbegriff einer zeichen- und regelsetzenden Praxis
verstanden werden muß und als solche zugleich nur durch Praxis auf
Wirklichkeit bezogen ist. Die vorliegende Arbeit nimmt diese Fragestellung auf und studiert die Entwicklung der Problematik im Logischen
Positivismus gleichsam exemplarisch am Werk *Rudolf Carnaps*, der als
einer der prominentesten Vertreter dieser Richtung gilt. Es muß jedoch
betont werden, daß dies wesentlich nicht im Sinne eines bloß historischen
Nachvollzuges gemeint ist, sondern als Versuch, die historische Entwicklung vielmehr als Entfaltung einer in der Sache selbst angelegten und in
ihr wirksamen Eigengesetzlichkeit zu deuten. Eine in dieser Weise kritische Aufhellung der positivistischen Grundproblematik, die auch in der
vom Positivismus geprägten analytischen Wissenschaftstheorie virulent
ist, wird, so meinen wir, überhaupt zur Klärung des wissenschaftstheoretischen Problembestandes beitragen können.

A 2 Das historische Vorfeld — Die Arbeit setzt zunächst beim älteren
Positivismus an, der mit Namen wie *Avenarius, Mach, Schlick* verknüpft
ist, und versucht darzutun, wie hier der Zug zur „Exaktheit" einen
Prozeß fortschreitender Verselbständigung des Logisch-Sprachlichen im

Sinne einer Entsubjektivierung und Formalisierung der Wirklichkeitserkenntnis einleitet. Wie also unabhängig von anderen Einflüssen, dem Pragmatismus etwa oder der Grundlagendiskussion in der Mathematik, der Positivismus innerhalb seiner eigenen Fragestellung die Voraussetzungen für die spätere Rezeption der modernen Logik entwickelt, bis dann mit Wittgensteins TRAKTAT der logische Formalismus zu einem zentralen Aspekt des Positivismus und dieser damit zum *„Logischen Positivismus"* wird.

A 3   Carnaps Wandlungen — Im zweiten Teil der Arbeit wird Carnaps Werk in dem angedeuteten Sinne thematisiert, sozusagen als Modellfall des Logischen Positivismus. Dies bietet sich insofern an, als Carnap den Wittgensteinschen Ansatz voll übernimmt und durchzuführen versucht und dadurch die Konsequenzen sichtbar macht, die im Grundansatz des Logischen Positivismus mitgesetzt sind. Die Untersuchung kommt dabei zu dem Ergebnis, daß die bei Carnap sich spiegelnde Entwicklung des Logischen Positivismus letztlich in Selbstaufhebung terminiert — oder positiv ausgedrückt, daß die Entwicklung des positivistischen Ansatzes mit innerer Konsequenz zu Positionen geführt hat, die ebenso wieder verlassen werden mußten und die damit überhaupt als überwunden gelten müssen. In diesem Sinne wird Carnaps Fortgehen vom „methodischen Solipsismus" zur „logischen Syntax" und weiter zur „Semantik" und zur „induktiven Logik" als sukzessive Zurücknahme des logisch-positivistischen Ansatzes gedeutet, der ursprünglich beides: den logischen Formalismus und die empirische Wirklichkeit jeweils für sich absolut gesetzt und ihr Verhältnis so zugleich als absoluten Gegensatz bestimmt hatte. Positiv gesehen zeigt sich in der skizzierten Entwicklung immer deutlicher die Notwendigkeit, diesen zunächst absoluten Gegensatz von Logik und Wirklichkeit wieder zu vermitteln. Zugleich erweist sich, daß Carnap das nicht gelingt. Aber auch dieses negative Resultat ist nicht ohne Konsequenzen: Indem damit der Rückfall in Positionen, die als überwunden gelten müssen, vermeidbar geworden ist, ist auch positiv schon die Richtung für die weitere Behandlung des Problems vorgezeichnet.

A 4   Praxis- und Sprachbezug — Diese Richtung wird im dritten Teil der Arbeit weiterverfolgt: Im Gegenzug zu Carnap werden wir zunächst einen alternativen Ansatz zum Induktionsproblem skizzieren — Versuch, die Relevanz von Wahrscheinlichkeitsaussagen oder, anders gesagt, die *Verbindlichkeit des Wissens in seiner Endlichkeit* abzuschätzen. Hierbei zeigt sich, daß dem *Modellbegriff* eine Schlüsselfunktion im praxisbedingten Vermittlungsprozeß von Logik und Wirklichkeit zukommt. Als vollständigste Form des Modells erweist sich das Modell, das ein Modell seiner selbst enthält. Die eigentümlichen logischen Verhältnisse, die hierbei auftreten, werden dann am Beispiel der *Sprache* studiert. Das Modell, das ein Modell seiner selbst enthält, wird insbesondere als Sprache, die über sich selbst sprechen kann, interpretiert. Das sich hier ergebende Problem des *sprachlichen Selbstbezugs*, das zum Auftreten der sogenannten logischen und semantischen *Antinomien* geführt hatte, wird am Beispiel der Grellingschen Antinomie ausführlich diskutiert. Wir werden dann einen Lösungsvorschlag entwickeln, der auf die übliche Radikaltherapie zur Vermeidung der Antinomien (Einführung von Sprachstufen: Objektsprache, Metasprache, Meta-Metasprache usw.) *verzichten* kann und so auch die damit verbundenen negativen Konsequenzen (Verbot der Selbstanwendung, Unvollständigkeit des Formalismus, unendlicher Progreß der Metasprachen) als vermeidbar erscheinen läßt. Eine so konzipierte Sprache wäre dann kein „Formalismus" im üblichen Sinne mehr, sondern müßte der *Umgangssprache* gleichen. Wir werden zeigen, daß auf diese Weise in der Tat charakteristische Züge der Umgangssprache (Praxisbezug, metaphorische Funktion, Selbstrepräsentanz u. ä.) nachgebildet und so auch einer Deutung zugänglich gemacht werden können.

Teil I: Das historische Vorfeld

B   Richard Avenarius

B 1   Um wichtige historische Voraussetzungen für die Entstehung des Logischen Positivismus sichtbar zu machen, soll, wie schon angedeutet, zunächst eine kurze Analyse des älteren Positivismus vorausgeschickt werden. Eine genaue historische und sachliche Abgrenzung dieses „älteren Positivismus" ist zu diesem Zweck nicht erforderlich, da es hier lediglich darum geht, Entwicklungstendenzen im historischen Vorfeld des Logischen Positivismus aufzuweisen. Wir beschränken uns darauf, die Positionen von drei prominenten Vertretern des älteren Positivismus vor dem Erscheinen von Wittgensteins TRAKTAT zu analysieren — Richard Avenarius, Ernst Mach, Moritz Schlick —, und werden dann zeigen, daß der Übergang zum Logischen Positivismus sachlich bei Wittgensteins TRAKTAT anzusetzen ist. — Der Logische Positivismus ist ursprünglich die Philosophie des sog. „Wiener Kreises", der von Schlick begründet worden war. Schlick hatte in Wien den Lehrstuhl für „Induktive Philosophie" inne. Sein unmittelbarer Vorgänger war Mach gewesen, für den dieser Lehrstuhl eigens eingerichtet worden war. (Vgl. hierzu die instruktive Darstellung von Victor Kraft, der dem Wiener Kreis übrigens selbst angehört hat, „Der Wiener Kreis", Seite 1). Mach wiederum steht dem „Empiriokritizismus" von Avenarius nahe. Avenarius (geboren 1843) ist zwar jünger als Mach (geboren 1838), hatte aber schon 1876, zehn Jahre vor Machs erstem philosophischen Hauptwerk („Die Analyse der Empfindungen"), die von Mach sehr geschätzte Arbeit „Philosophie als Denken der Welt gemäß dem Prinzip des kleinsten Kraftmaßes" veröffentlicht (vgl. Mach ANALYSE 48). Wir betrachten deshalb zunächst den Ansatz von Avenarius, der von ihm selbst als *„Empiriokritizismus"* bezeichnet wird.

B 2   Systematisch entwickelt Avenarius den Empiriokritizismus in seinem Werk „Kritik der reinen Erfahrung" (1888), während die kurz darauf erschienene Schrift „Der menschliche Weltbegriff" (1891) mehr „die Darlegung und Klarlegung des eigenen philosophischen Standpunktes" in den Vordergrund stellt (IX). (Wenn nicht anders vermerkt, zitieren wir nach dem WELTBEGRIFF). — Avenarius' Empiriokritizismus ist positivistisch orientiert, insofern er nur das positiv „Vorgefundene" (2) oder die „reine Erfahrung" (ERFAHRUNG 4) als Voraussetzung einer Erkenntnistheorie akzeptiert. Von hier aus polemisiert er gegen jede Erkenntnistheorie, die den Dualismus von „Sein und Denken", „Sache und Gedanke", „Objekt und Subjekt" fixiert (13, 29, 53). Denn die Konsequenz einer solchen Fixierung wäre: „Der Gegenstand bleibt ewig draußen . . . Das Denken bleibt ewig drinnen, und alles, was man vom Denken aus erreichen kann, kann immer wieder nur ein Gedachtes sein. Geht man also vom Sein aus, so bekommt man die Gegenstände nicht ins Bewußtsein hinein; geht man vom Bewußtsein aus, so kommt man nicht zum Gegenstand hinaus" (60). Avenarius weist den dualistischen Ansatz zurück und versucht in diesem Sinne klarzustellen, daß die Trennung von Subjekt und Objekt künstlich ist, d. h. nicht dem „natürlichen Welt-begriff" oder der „reinen Erfahrung" entspricht:

B 3 Weil ich mich in der Selbsterfahrung oder „Introjektion" anders erlebe als die Menschen und Gegenstände um mich herum, vollziehe ich den nach Avenarius unberechtigten Schluß, daß es grundsätzlich *zwei* Arten von Wirklichkeit gibt, eine äußere und eine innere, eine reale und eine ideale, eine sinnliche und eine nichtsinnliche. Dieses, ursprünglich nur in der Introjektion auftretende, nichtsinnliche Element wird daraufhin auch den anderen Erfahrungsobjekten „eingelegt" und als der äußeren Erfahrung grundsätzlich entzogen vorgestellt. Die äußere Erfahrung scheint also nie erfassen zu können, wie etwas „außerhalb meines Bewußtseins oder *an sich* sei. — Der Erfahrungsgegenstand als Objekt ist sonach ein Nicht-Erkennbares geworden" (59). Der Fehler hierbei liegt nach Avenarius in einer Überbewertung der Ich-Erfahrung: Freilich unterscheidet sich die Erfahrung von „Ich" und „Baum" (80). Aber auch die Erfahrung von „Baum" und die von „Stein" unterscheiden sich, ohne daß daraus auf verschiedene Arten von Wirklichkeit geschlossen werden dürfte. „Wohl wird also im Ich und im Umgebungsbestandteil ein Ge-genüber und ein Verschiedenes erfahren; aber sie werden nicht in ver-schiedener Weise und nicht geschiedenerweise erfahren". „Das *Ich*-Be-zeichnete ist selbst nichts anderes als ein Vorgefundenes, und zwar ein im selben Sinne Vorgefundenes wie etwa ein als Baum Bezeichnetes" (82). Dies ist nach Avenarius die unverfälschte Erfahrung in der Sicht des „natürlichen Weltbegriffs" (Abschnitt I).

14

B 4   Avenarius fordert nun die „Restitution des natürlichen Weltbegriffs" (Abschnitt III), d. h. Reinigung der Erfahrung von der „nichtsinnlichen Zutat" (48) einer vorgeblich inneren, unzugänglichen Wirklichkeit. Der natürliche Weltbegriff impliziert, daß „ich den Inhalt meiner Erfahrung nur ‚nehme‘, wie er sich ‚gibt‘, und ihn nur ‚beschreibe‘, wie ich ihn ‚vorfinde‘ " (83). D. h. „nach Ausschaltung der Introjektion" enthält der Weltbegriff „prinzipiell nichts anderes als in sprachlicher Formulierung, was der natürliche ‚Weltbegriff‘ in der Form der Anschauung enthält" (sic, 111). In diesem Sinne muß die Analyse der Erfahrung „bei der Beschreibung des Vorgefundenen stehen" bleiben (129). Es gibt nach Avenarius keine Wirklichkeit „an sich" hinter dem „Vorgefundenen" der „natürlichen" Erfahrung.

C   Ernst Mach

C 1   Ganz ähnlich Mach in seinem Buch „Die Analyse der Empfindungen" (1886, aus dem wir hier, wenn nicht anders vermerkt, zitieren (3. Auflage 1903)) sowie in „Erkenntnis und Irrtum (1905): „Nicht das Ich ist das Primäre" (18), und ebensowenig sind die „Dinge" das Primäre. „*Ding* und *Ich* sind provisorische Fiktionen gleicher Art" (ERKENNTNIS 15). Sie sind nur Gedankensymbole für *Elementenkomplexe* (Empfindungskomplexe)" (23). „Die Komplexe zerfallen in *Elemente, d. h.* in letzte Bestandteile, die wir bisher nicht weiter zerlegen konnten" (4). Diese Elemente der Wahrnehmung, also „Farben, Töne, Drücke, Wärmen, Düfte, Räume, Zeiten usw.", sind nach Mach das Primäre in der Erfahrung (ERKENNTNIS 8). „Körper, Ich, Materie, Geist" dagegen sind nur „die für besondere *praktische* temporäre und beschränkte Zwecke gebildeten Zusammenfassungen und Abgrenzungen" für „relativ stabile Komplexe von sinnlichen Elementen", aber keine eigene Wirklichkeit an sich hinter diesen Elementen (24, 236). Die Annahme eines an sich unerkennbaren Trägers hinter den Elementen wäre unzulässig (5). Denn tatsächlich steht dahinter nur „die zweckmäßige Gewohnheit, das Beständige mit *einem* Namen zu bezeichnen und ohne jedesmalige Analyse der Bestandteile in *einen* Gedanken zusammenzufassen" (4). „Was auf *einmal* vorgestellt wird, erhält *eine* Bezeichnung, *einen* Namen" — dies im Sinne der „Ökonomie des Vorstellens und der Bezeichnung" (2).

C 2 Wird aber die Welt dadurch nicht zu einem bunten Gewühl von Empfindungen, „ein Chaos, ein unentwirrbares Gewebe von Elementen?" (277). Mach weist dieses Ansinnen zurück und bemerkt ausdrücklich, „daß auch für mich die Welt *keine* bloße Summe von Empfindungen ist" (276). Ferner kann „kein Zweifel bestehen, daß bloße Empfindungen kein dem unsrigen auch nur entfernt ähnliches psychisches Leben begründen können. Wenn die Empfindung sofort nach dem Verschwinden vergessen wird, kann nur eine zusammenhanglose Mosaik und Folge von psychischen Zuständen sich ergeben" (177). Somit gilt: „Aufbewahrung von Erinnerungen, Zusammenhang derselben, Wiedererweckbarkeit durcheinander, *Gedächtnis* und *Assoziation,* sind die Grundbedingungen des entwickelten psychischen Lebens" (177). Der psychische Vollzug ist also wesentlich als ein *Verbinden* von Elementen aufzufassen.

C 3 Dieses Verbinden von Elementen erfolgt nun aber nicht willkürlich, sondern im Sinne einer „Anpassung der Gedanken an die Tatsachen" (240), denn „alle Wissenschaft geht darauf aus, *Tatsachen in Gedanken* darzustellen, entweder zu *praktischen* Zwecken oder zur Beseitigung des *intellektuellen* Unbehagens" (238). „Unbefangene Überlegung lehrt aber, daß jedes *praktische* und intellektuelle Bedürfnis befriedigt ist, sobald unsere Gedanken die sinnlichen Tatsachen vollständig nachzubilden vermögen" (239). Dieses Nachbilden der Tatsachen ist nun eine Operation, „die sich im Prozeß des *Urteilens* äußert" (240). Ein Urteil ist nämlich „immer eine *Ergänzung* einer sinnlichen Vorstellung zur vollständigeren Darstellung einer sinnlichen Tatsache". „Der Prozeß des Urteilens besteht also hier in einer Bereicherung, Erweiterung, Ergänzung sinnlicher Vorstellungen durch *andere* sinnliche Vorstellungen unter Leitung der sinnlichen *Tatsache*" (241). Diese „Anpassung der Gedanken an die Tatsachen" führt zu Urteilen, die freilich noch unverbunden nebeneinander stehen und in dieser *Vielheit* der Ökonomieforderung des Denkens noch nicht optimal genügen. „Anpassung der Gedanken *aneinander* ist also die weitere Aufgabe" (ERKENNTNIS 3). „Die in Form von Urteilen fixierten Ergebnisse der Anpassung der Gedanken an die Tatsachen werden der Vergleichung unterzogen und sind die Objekte eines weiteren Anpassungsprozesses" (ERKENNTNIS 177). „Das Ideal der ökonomischen und organischen Zusammenpassung der einem Gebiet angehörigen verträglichen Urteile ist erreicht, wenn es gelungen ist, die geringste Zahl einfachster unabhängiger Urteile zu finden, aus welchen

sich alle übrigen als *logische Folgen* ergeben, d. h. *ableiten* lassen" (ER-
KENNTNIS 179, Hervorhebung von mir, D. W.).

C 4 Diesem Ziel entspricht nun in idealer Weise „die quantitative
Untersuchung", denn sie hat „einen besonderen Vorzug vor der quali-
tativen, wenn es sich um die Ermittlung der sinnlich gegebenen Elemente
in ihrer Abhängigkeit *voneinander*" handelt (ERKENNTNIS 323). „Die
Beschreibung durch Zählung ist nämlich die denkbar einfachste". „Überdies kann durch Anwendung der Zähloperationen selbst jede Zahl aus
jeder anderen *abgeleitet* werden, wodurch gerade die Zahlen zur Darstellung von Abhängigkeiten sich vorzüglich eignen" (ERKENNTNIS
322). „Ich habe deshalb schon vor langer Zeit versucht, den *Ursachen-
begriff* durch den mathematischen *Funktionsbegriff* zu ersetzen: *Abhängigkeit der Erscheinungen voneinander,* genauer *Abhängigkeit der
Merkmale der Erscheinungen voneinander*" (71). Denn offensichtlich
„läßt sich die Abhängigkeit der Elemente voneinander durch den *Funktionsbegriff* viel vollständiger und präziser darstellen, als durch so wenig
bestimmte Begriffe wie Ursache und Wirkung" (ERKENNTNIS 278).
Die traditionelle Auffassung von Ursache und Wirkung im Sinne selb-
ständiger Substanzen wird bei Mach also aufgegeben. Das Kausalitäts-
verhältnis wird jetzt vom mathematischen Funktionsbegriff her interpretiert und so gleichsam entsubstantialisiert. Für Mach also „bleibt nur
eine Art von Beständigkeit, die alle vorkommenden Fälle von Beständigkeit umfaßt, die *Beständigkeit der Verbindung* (oder Beziehung)",
„ein gewisser gesetzmäßiger Zusammenhang der *Elemente* (Empfindungen)", „ein *festes Verbindungsgesetz* von Elementen, welche an sich sehr
flüchtig scheinen, als das *Beständige* . . ." (252).

C 5 Bei Mach also wie bei Avenarius die Forderung, bei der reinen
Beschreibung des Vorgefundenen stehen zu bleiben. Der Wirklichkeitsbegriff soll so bestimmt werden, daß er „nichts enthält, was nicht als Er-
fahrenes (Vorgefundenes) charakterisiert wäre" (Avenarius WELTBEGRIFF
101). Aber während Avenarius noch die volle „natürliche" Anschauung
meint, die in der vollen „natürlichen" Sprache beschrieben wird (Avenarius WELTBEGRIFF 111), ist Machs Wirklichkeitsbegriff bereits
abstrakter, formaler. Die „entschiedene Tendenz zur begrifflichen Sche-
matisierung" ist nicht zu übersehen (Mach ERKENNTIS 133): Die
Wirklichkeit präsentiert sich in Form von sinnlichen „Elementen", deren

Variation und Zusammenhang durch mathematische Funktionen gegeben ist. Bei Mach wird die „volle" Wirklichkeitserfahrung in abstrakte Elemente zerlegt, und deshalb kann oder vielmehr muß die Beschreibung von der natürlichen Sprache zur mathematischen Formulierung übergehen.

C 6   Wenn es nun *gesetzmäßige* Zusammenhänge von Elementen gibt, so kann das nicht primär darauf beruhen, daß es sich um Elemente der *Wahrnehmung* handelt. Denn diese enthält wesentlich ein Moment der *Zufälligkeit*. Meine Wahrnehmung des Tisches hängt davon ab, „ob er mir augenblicklich in die Sinne fällt oder nicht", der gesetzmäßige Zusammenhang von Elementen, die den Komplex Tisch ergeben, soll von solcher Zufälligkeit aber gerade unabhängig sein (250). Das bedeutet nun aber auch: die Möglichkeit einer gesetzmäßigen Beschreibung der Welt verweist doch auf so etwas wie einen an sich bestehenden Wirklichkeitszusammenhang „hinter" der Wahrnehmung und unabhängig von ihr. Die Tendenz zur Entsubstantialisierung des Wirklichkeitsbegriffs, Reduktion der „Naturnotwendigkeit" auf die mathematische, d. h. rein „logische Notwendigkeit" von Funktionszusammenhängen (69) hat überraschend die gegenteilige Konsequenz und zwingt Mach zu dem wiederholten Eingeständnis einer „erweiterten, verallgemeinerten *substantiellen* Auffassung": „In der Tat ist die Absicht, ein Gebiet zu erforschen, nur mit der Annahme der *Erforschbarkeit* desselben vereinbar. Diese setzt aber Beständigkeiten voraus, denn was sonst sollte durch die Forschung ermittelt werden?" (ERKENNTNIS 282). Mach muß von einer „Stabilität der Tatsachen" sprechen (ERKENNTNIS 284), denn „nur dem, was an den Tatsachen überhaupt *beständig* ist, können sich die Gedanken anpassen" (249). — Hier nun setzt Schlicks Kritik an Machs Empfindungstheorie an.

D   Moritz Schlick

D 1   Schlick (wir zitieren nach seinem Buch „Allgemeine Erkenntnislehre", 1918) wirft Mach vor, daß er diesen Aspekt der „Beständigkeit", Beständigkeit des Wirklichen *unabhängig* von seinem unmittelbaren Gegebensein, nur unzureichend berücksichtigt habe. Als Konsequenz seines positivistischen Ansatzes, „nur das tatsächlich Gegebene als real zu bezeichnen", sei das allerdings verständlich (184): „‚Wirklich' ist von einem Körper jeweils nur, was von ihm unmittelbar *gegeben* ist, alles Übrige ist bloßer Begriff, reines Gedankensymbol" (184). „Um konsequent zu sein, darf der Positivismus nur das Wahrgenommene, nicht auch das Wahrnehmbare für wirklich erklären" (185). Im tatsächlichen Vorgehen des „immanenten Positivismus" werde aber immer wieder „eine Inkonsequenz" sichtbar, „die in den Schriften Machs und anderer oft peinlich empfunden werden muß" (185). Denn auch Mach bleibt ja, wie wir gesehen haben (vgl. C 6), durchaus nicht beim hier und jetzt Wahrgenommenen stehen. Der physikalische Körper z. B. wird als konstanter, wahrnehmungsunabhängiger Elementenkomplex gedeutet, d. h. „als stets vorhanden, ob er mir augenblicklich in die Sinne fällt oder nicht" (Mach ANALYSE 250). „Was ist aber dann das Konstante", fragt nun Schlick, „das mich berechtigt, die Abwandlungsreihe der Elementenverbände unter dem Begriff des einen Körpers zusammenzufassen? Nun, offenbar die *Gesetzmäßigkeit* ihres Zusammenhangs. Diese Gesetzmäßigkeit, dieser Inbegriff von Beziehungen macht also — zu dieser Folgerung sieht die besprochene Lehre sich gedrängt — das wahre Wesen des Körpers aus" (181). Diese Auffassung ist nach Schlick „aber natürlich unter allen Umständen unzulässig" (182), denn so würde man das Wirkliche in bloße Begriffe auflösen" (195). Es ist „einer der charakteristischen Züge des immanenten Positivismus, daß er reale und begriffliche Verhältnisse miteinander vermengt" (184). „Schon dadurch, daß z. B. Mach statt von kausaler immer von funktionaler Abhängigkeit reden möchte, wird das Problem unabsichtlich verhüllt, da der Ausdruck ‚Funktionalbeziehung' gleich gut auf Zusammenhänge des rein Begrifflichen wie des Realen zu passen scheint" (188). Schlicks Einwand: „Logisch betrachtet ist nun allerdings der mathematische Funktionsbegriff solide genug, aber gerade vom Gesichtspunkt der Realitätsfrage doch wiederum etwas recht Schemenhaftes, denn er ist ja eben nichts Wirkliches, sondern ein Begriff", und das heißt, daß Mach „reine Funktionalbeziehungen in das Reich der Realität erhebt und hypostasiert" (182) und „das Gesetz dadurch verdinglicht" (183).

D 2 In dieser Kritik der als „immanenter Positivismus" bezeichneten Lehre Machs (184) wird vor allem deutlich, daß Schlick auf einer strengen Unterscheidung des „rein Begrifflichen" einerseits und des „Realen" oder „Wirklichen" andererseits besteht. („Die Worte wirklich und real gebrauchen wir hier jederzeit als völlig gleichbedeutend", 153). Schlicks Begründung: Begriffe „sind nichts Wirkliches" (19), sie „sind nichts als Fiktionen, die eine exakte Bezeichnung der Gegenstände zu Erkenntniszwecken ermöglichen sollen" (23). Sie sind also „nichts als Zeichen, niemals das Bezeichnete. Dieses bleibt ewig jenseits" (151). Dieses „Jenseits", „die transzendente Ordnung der Dinge", „die eine objektive Welt", „das Wirkliche", „ist vor aller Erkenntnis da. Es ist das Bezeichnete, das vor allem Bezeichnen ist" (234, 238, 237, 152). — Von hier aus ist Schlicks Polemik gegen das „unmittelbar Gegebene" der Immanenzpositivisten Avenarius und Mach zu verstehen: „In der Fülle und dem Gewirr der subjektiven Daten" kann sich uns „nur eine subjektive und gleichsam perspektivische Ansicht des Gegenstandes bieten" (237, 74). Ziel der Wissenschaft aber ist *wahre* Erkenntnis, d. h. „eine Erkenntnis von Gegenständen, wie sie an sich selbst sind" (74). Es muß „eine und dieselbe gemeinsame Ordnung aufgefunden", es muß „die eine objektive Welt entdeckt" werden, und darum müssen „die unmittelbar gegebenen Elemente . . . unter allen Umständen eliminiert" werden (237, 253). Wissenschaftliches Erkennen kann nicht „bei der bloßen Beschreibung des Vorhandenen" stehenbleiben, sondern muß „eine Bearbeitung des Tatsachenmaterials" vornehmen, die „über das Gegebene transzendiert" (173). Das geschieht in der Form „begrifflicher Konstruktion" (253), die unverzerrte Wirklichkeit muß gleichsam begrifflich rekonstruiert werden.

D 3 Diese Rekonstruktion der unverzerrten Wirklichkeit ist also durch Begriffe und *nur* durch Begriffe möglich, denn: Die „begriffliche Funktion besteht eben im *Bezeichnen*. Bezeichnen aber bedeutet hier nichts anders als *Zuordnen*" (20). Dieses Zuordnen wiederum ist ein Akt, „durch den in der Tat die Dinge gar nicht berührt oder verändert werden". Das ist wichtig, denn dadurch unterscheidet sich das Zeichen gerade von einem „Bild" der Wirklichkeit. Jedes Bild ist subjektiv-perspektivisch verzerrt, „bezeichnen dagegen läßt sich jeder Gegenstand selber, wie er ist" (74). In der Konsequenz führt das dazu, daß „Wissenschaft ein bloßes Spiel mit Symbolen" wird, und daher eine „radikale Trennung des Begriffs von der Anschauung, des Denkens von der Wirklichkeit" voraussetzt. Nur dadurch ist die „strenge Exaktheit des Denkens ermöglicht" (35, 36). — Das Ideal eines solchen, von der wahrgenommenen Wirklichkeit abgelösten Symbolsystems ist die *formal-axiomatische*

Theorie. Denn sie „steht nirgends in Gemeinschaft oder Verbindung mit der Wirklichkeit, sie lehnt sie absichtlich und prinzipiell ab, sie verharrt im Reich der Begriffe..., ruht nirgends auf dem Grunde der Wirklichkeit, sondern schwebt gleichsam frei, wie das Sonnensystem die Gewähr seiner Stabilität in sich selber tragend. Keiner der darin auftretenden Begriffe bezeichnet in der Theorie ein Wirkliches, sondern sie bezeichnen sich gegenseitig in der Weise, daß die Bedeutung des einen Begriffes in einer bestimmten Konstellation einer Anzahl der übrigen besteht" (35). Der streng logische Zusammenhang einer Wissenschaft („Zusammenhang macht das Wesentliche der Erkenntnis aus" (45)) beruht nach Schlick somit auf „einer radikalen Trennung" von Begriff und Wirklichkeit, „einer vollständigen Scheidung beider Reiche". „Die Brükken zwischen ihnen sind abgebrochen" (36).

D 4 Das bedeutet andererseits nun aber auch, daß ein solches „freischwebendes", von der Wirklichkeit gänzlich abgelöstes Axiomensystem nicht aus sich selbst heraus schon Wirklichkeitserkenntnis darstellt. Wirklichkeitserkenntnis wird daraus erst durch den Akt einer eindeutigen *Zuordnung* von Zeichen und Wirklichkeit (56). Dieser Zuordnungsakt wird vom Denken vollzogen. „‚Denken' bedeutet nach unserer Ansicht nur eine einzige Funktion: sie besteht im *Zuordnen*" (326). Kraft „Zuordnung" also soll das Denken die zuvor aufgewiesene Kluft zwischen Begriff und Wirklichkeit überbrücken. Hier muß die Frage entstehen, wie dem Denken solches möglich ist angesichts jener „zwei Faktoren ((Begriff und Wirklichkeit)), die einander in ihrer inneren Struktur nicht bestimmen, sondern sich nur äußerlich gegenübertreten" (305). Schlicks Antwort lautet: dieses Zuordnen sei „in der Tat ein fundamentaler, auf nichts anderes zurückführbarer Akt des Bewußtseins, ein einfaches Letztes, das nur konstatiert werden kann, eine Grenze und Grundlage, zu der jeder Erkenntnistheoretiker schließlich vordringen muß" (326). Und dieser nicht weiter zurückführbare Bewußtseinsakt, der so Verschiedenartiges wie Begriff und Wirklichkeit zusammenbringt, gründet letztlich in der „Einheit des Bewußtseins", die selbst nicht mehr erklärbar ist, — „eine Tatsache", „ursprünglicher als aller Zweifel", „schlechthin gegeben, eine im Bewußtsein immer erfüllte Voraussetzung" (105). — Bei diesem Rückgang auf unerklärbare Akte des Bewußtseins „überkommt uns wohl ein Schauder, eine intellektuelle Angst, wir werden von einem Schwindel ergriffen, denn wir blicken in einen Abgrund, der bodenlos erscheint. Hier ist ein Punkt, an dem die Wege der Erkenntnistheorie, der Psychologie und —wie ich getrost hinzufügen will — der Metaphysik zusammentreffen und plötzlich abbrechen" (101).

D 5   Schlick, noch einen Schritt über Mach hinausgehend, ist hier auf ein Problem gestoßen, das in dem positivistischen Hang zum „Positiven" schon angelegt ist und dessen Hervortreten diese Tendenz zugleich noch verstärkt. Während Avenarius noch beim positiv Vorgefundenen und seiner „natürlichen" Beschreibung stehenbleibt, wird dieses Vorgefundene bei Mach — ganz im Geiste positivistischer „Exaktheit" — seiner „Natürlichkeit" entfremdet und in abstrakte (physiologische) „Elemente" aufgelöst, deren Zusammenhang seinerseits nur noch abstrakt funktional faßbar ist. Die unveränderliche „Gesetzlichkeit" solcher Funktionsabläufe verweist nun aber auch auf so etwas wie einen unveränderlichen, unabhängig von der Wahrnehmung bestehenden Wirklichkeitszusammenhang „hinter" den Wahrnehmungselementen. Diese bei Mach nur erst latente Konsequenz wird bei Schlick herausgestellt und zur „radikalen Trennung" von Begriff und Wirklichkeit verschärft. Dem „bloßen Spiel mit Symbolen" auf der einen Seite steht eine „transzendente Ordnung der Dinge" gegenüber. Es kommt — in genauem Gegensatz zur ursprünglichen Intention, mit der die betrachtete Entwicklung bei Avenarius angelaufen war — zu „einer vollständigen Scheidung beider Reiche". Doch damit ist nun das Problem der im Denkakt vollzogenen „Zuordnung" entstanden — drohender Bankrott der positivistischen Erkenntnistheorie angesichts der faktischen Wissenschaft, die jene vorgebliche Kluft eben doch ständig überbrücken kann. An diesem kritischen Punkt setzt, sachlich gesehen, Wittgenstein an. Sein TRAKTAT ist der radikale Versuch, das leidige Problem der „Zuordnung" oder des Denkaktes überhaupt zu eliminieren.

E   Ludwig Wittgenstein, „Tractatus logico-philosophicus" (1921)

E 1   Es war Schlick nicht gelungen, vom Postulat eines letzten, unerklärbaren — und damit auch unkontrollierbaren Bewußtseinsaktes freizukommen. Wittgensteins durchschlagende Wirkung beruht ganz wesentlich darauf, daß sein TRAKTAT diese Frage überhaupt eliminiert. Er beseitigt das Problem des Zuordnungsvollzuges ganz einfach, indem er diesen als immer schon *vollzogen* ansetzt, d. h. vom *fertigen Sprach-gebilde* ausgeht. In der fertigen Sprache ist der Gegensatz von Be-griff und Wirklichkeit ja gleichsam neutralisiert, das Logisch-Begriff-liche repräsentiert hier unmittelbar Wirkliches. Diese Neutralität des Sprachgebildes suggeriert zugleich dessen Eigenständigkeit, Unabhängig-keit von subjektiven Bewußtseinsakten. Die Verselbständigung der Sprache intendiert gleichsam „den Untergang der Subjektivität in der logischen Richtigkeit" (W. Schulz WITTGENSTEIN 32). Wittgenstein selbst formuliert (wenn nicht anders angegeben, wird nach dem TRAK-TAT zitiert): „In der Logik drücken nicht *wir* mit Hilfe der Zeichen aus, was wir wollen, sondern in der Logik sagt die Natur der natur-notwendigen Zeichen selbst aus" (6.124). Und „das Einleuchten, von dem Russell so viel sprach, kann nur dadurch in der Logik entbehrlich wer-den, daß die Sprache selbst jeden logischen Fehler verhindert" (5.4731). Dieses aber, daß „die Sprache selbst" für sich sorgt, scheint in der Tat den Rückgriff auf unkontrollierbare „Bewußtseinsakte" entbehrlich zu machen. — Soviel zum Grundgedanken des TRAKTAT, dessen Ansatz jetzt ausführlicher entwickelt und kritisch durchleuchtet werden soll. Auf eine breite Darstellung des Textes muß und kann hier jedoch ver-zichtet werden. Überdies existieren zahlreiche Abhandlungen zum TRAKTAT. Zur Einführung sei verwiesen auf Erik Stenius: „Wittgen-steins Tractatus, A Critical Exposition of its Main Lines of Thought" (Oxford 1960), und W. Stegmüller: „Hauptströmungen der Gegenwarts-philosophie" (4. Aufl. Stg. 1969), wo auch der TRAKTAT ausführlich behandelt wird. Hervorzuheben ist ferner die überzeugende kritische Analyse des TRAKTAT, die Walter Schulz in der schon zitierten Arbeit „Wittgenstein. Die Negation der Philosophie" (Pfullingen 1967) vor-gelegt hat. —

E 2 Der sprachliche Ausdruck, so Wittgenstein, stellt eine „sinnlich wahrnehmbare" Objektivierung gedanklicher Inhalte dar: „Im Satz drückt sich der Gedanke sinnlich wahrnehmbar aus" (3.1), „der Satz *zeigt* seinen Sinn" (4.022). In der Sprache tritt der „Sinn" sozusagen äußerlich in Erscheinung und wird dadurch einer objektiven Kontrolle zugänglich. Diese „Formalisierung" ist ganz im Sinne der angestrebten Entsubjektivierung des Denkens. — Der Wunsch nach vollkommener Kontrollierbarkeit hatte in der neueren Geschichte der Logik schon vor Wittgenstein zur Entwicklung formaler Sprachsysteme geführt. Man

23

denke vor allem an Freges „Begriffsschrift" (1879) und die von Russell und Whitehead unternommene formal-logische Grundlegung der Mathematik („Principia Mathematica", 1910—1913). Der Formalismus in seiner vollkommensten Gestalt ist der logische Kalkül. Wir werden später, bei der Beschäftigung mit Carnaps Theorien, genauer auf solche Systeme einzugehen haben. Hier genügt zunächst die von Wittgenstein selbst gegebene Charakterisierung, daß der Kalkül „eine Zeichensprache" ist, „die der *logischen* Grammatik — der logischen Syntax — gehorcht" (TRAKTAT 3.325). Das heißt, der Kalkül ist ein reines Formelsystem, das nach logischen Regeln funktioniert, ein logischer Automatismus sozusagen, der eine automatische Kontrolle der ihm zugehörigen Ausdrücke ermöglicht. „Das besondere Merkmal" solcher Formeln ist also, „daß man am Symbol allein erkennen kann, daß sie wahr sind" (6.113). Im logischen Kalkül ist somit eine *rein formale,* d. h. rein formelmäßige (rein zeichenmäßige) Repräsentation der Logik realisiert und die Forderung intersubjektiver Kontrollierbarkeit dadurch im strengen Sinn erfüllt. Wittgenstein hat nun die Idee, daß dieser Vorzug der rein formalen Logik auch für die *Wirklichkeitserkenntnis* nutzbar zu machen sei: Denn, so im TRAKTAT, „die Logik ist keine Lehre, sondern ein Spiegelbild der Welt„ (6.13). „Nur die Wirklichkeit interessiert die Logik. Also die Sätze *nur,* insoweit sie *Bilder* der Wirklichkeit sind" (TAGEB 97).

E 3   Wittgenstein untermauert diesen Gedanken durch eine Art *Abbildtheorie,* die hier nur kurz skizziert zu werden braucht: „Wir machen uns Bilder der Tatsachen" (2.1). Nun muß aber „in Bild und Abgebildetem ... etwas identisch sein, damit das eine überhaupt ein Bild des anderen sein kann" (2.161). „Was jedes Bild, welcher Form immer, mit der Wirklichkeit gemein haben muß, um sie überhaupt — richtig oder falsch — abbilden zu können, ist die logische Form, das ist, die Form der Wirklichkeit" (2.18). So ist das Bild gleichsam ein „logisches Bild" der Wirklichkeit und kann als solches „die Welt abbilden" (2.181, 2.182, 2.19). — Wie geschieht diese Abbildung? Antwort: „Das logische Bild der Tatsachen ist der Gedanke" (3), und „im Satz drückt sich der Gedanke sinnlich wahrnehmbar aus" (3.1), so daß sich ergibt: „Der Satz ist ein Bild der Wirklichkeit", die Wirklichkeit kann „durch ihn vollständig beschrieben werden" (4.021, 4.023). Bedingung für die vollständige Beschreibung ist lediglich: „Am Satz muß gerade so viel zu unterscheiden sein als an der Sachlage, die er darstellt. Die beiden müssen die gleiche

24

logische (mathematische) Mannigfaltigkeit besitzen" (4.04). *Möglich* ist das nach Wittgenstein deshalb, weil Sprache und Wirklichkeit ja die gleiche logische Struktur aufweisen (s. o.). Die Logik von Sprache und Wirklichkeit läßt sich hiernach also gar nicht unterscheiden, es ist *die eine* Logik, die allem zugrunde liegt: „Das Wesen des Satzes angeben, heißt, das Wesen aller Beschreibung angeben, also das Wesen der Welt" (5.4711). „Die Logik erfüllt die Welt; die Grenzen der Welt sind auch ihre Grenzen" (5.61). — „Hier ist eine reine Koinzidenz von Logik und Wirklichkeit vollzogen" (Schulz WITTGENSTEIN 20). Die Logik ist für Wittgenstein insofern nicht auf den sprachlichen Bereich eingeschränkt, sondern *universal.*

E 4   Daß die Logik universal ist, heißt nun aber auch: „aus ihr kommt man beim Abbilden nicht heraus" (4.041), d. h. „der Satz kann die gesamte Wirklichkeit darstellen, aber er kann nicht das darstellen, was er mit der Wirklichkeit gemein haben muß, um sie darstellen zu können — die logische Form. Um die logische Form darstellen zu können, müßten wir uns mit dem Satz außerhalb der Logik aufstellen können, d. h. außerhalb der Welt" (4.12). — Die eben konstatierte Universalität der Logik wird hier zum Problem. Daß die Logik universal ist, bedeutet zugleich, daß sie selbst nicht mehr hinterfragt werden kann. Daß es Logik „gibt", läßt sich nicht selbst noch von einer Instanz *außerhalb* der Logik her begründen. Denn jegliches Begründen kann nur wieder logisch geschehen und verbleibt deshalb notwendig *innerhalb* der Logik. Das Begründen der Logik hat an der Logik selbst seine Grenze. Die Logik — und das heißt, wie in E 3 deutlich gworden ist, ebenso die Wirklichkeit — kann ihrerseits nicht mehr begründet, sondern nur als *Faktum* hingenommen werden. *Daß* es Logik und die ihr gleichgesetzte Wirklichkeit gibt, scheint selbst nicht mehr logisch, sondern vielmehr unaussprechlich, „mystisch" zu sein: „Nicht *wie* die Welt ist, ist das Mystische, sondern *daß* sie ist" (6.44). — In dieser Sicht wird die Logik nun gleichsam zur Erfahrungswissenschaft. „Die Logik hängt davon ab, daß etwas existiert (im Sinne von: etwas vorhanden ist), daß es Tatsachen gibt. . . . Die Logik ist empirisch" (Wittgenstein GESPRÄCHE 77). „Wir können also in der Logik nicht sagen: das und das gibt es in der Welt, jenes nicht. Das würde nämlich scheinbar voraussetzen, daß wir gewisse Möglichkeiten ausschließen" (5.61). Vielmehr, „alles, was wir überhaupt beschreiben, könnte auch anders sein" (5.634). Das Erkennen hat sich deshalb nach der faktisch vorgegebenen Logik der Wirklichkeit zu richten: „Die Wirklichkeit wird mit dem Satz verglichen", denn „aus dem Bild allein ist nicht zu erkennen, ob es wahr oder falsch ist" (4.05, 2.224). „Um zu erkennen, ab das Bild wahr oder falsch ist, müssen wir es mit der Wirklichkeit vergleichen" (2.223). Das ist der Grund, weshalb zum Satz eine Wahrheitsangabe *zusätzlich* hinzutreten muß: „Der einfachste Satz, der Elementarsatz, behauptet das Bestehen eines Sachverhalts", und „die Welt ist vollständig beschrieben durch die Angaben aller Elementarsätze plus der Angabe, welche von ihnen wahr und welche falsch sind" (4.21, 4.26).

E 5 Sprache und Wirklichkeit stehen sich nun plötzlich polar gegenüber, die ursprünglich vorausgesetzte Universalität ist verschwunden und zur *Dualität* von Sprache und Wirklichkeit zerfallen. Die in der Sprache repräsentierte Logik ist jetzt nur noch „das Gerüst der Welt" oder das „Netzwerk" der Beschreibung (6.124, 6.341 f), aber sie *ist* nicht die Wirklichkeit. Die Sätze der Logik „handeln' von nichts" (6.124), sie sind bloße „Form", der ein fremder Inhalt entgegensteht, eine eigenständige Faktizität, die empirisch eingeholt werden muß. — Die Argumentation führt so zurück zu der Frage, von der sie ursprünglich ausgegangen war: wie empirische Erkenntnis, Wirklichkeitserkenntnis möglich sei. Die im TRAKTAT gegebene Antwort arbeitet zunächt mit dem Argument einer einheitlichen, universalen Logik, die allem zugrunde liegt. Die Wirklichkeit kann sprachlich „abgebildet" werden, weil beides, Sprache und Wirklichkeit, derselben Logik untersteht. Diese These von der Universalität der Logik muß aber, wie sich in E 4 gezeigt hat, unmittelbar in die Gegenthese: Dualität von Logik und Wirklichkeit umschlagen, usw. Dieses Spiel kommt nicht zur Ruhe, weil sich die Argumentation ständig im Kreis bewegt. Jede Position schlägt zwangsläufig in ihr Gegenteil um, was auf eine undurchschaute Dialektik hindeutet. (Der Begriff „Dialektik" ist hier beiläufig gebraucht, so daß auf eine nähere Bestimmung verzichtet werden kann).

E 6 Die zahlreichen Widersprüche, die sich im TRAKTAT nachweisen lassen, sind nur Reflex dieser Dialektik im Grundansatz. Hier einige Beispiele:
(1) „Alle Sätze sind gleichwertig" (6.4). Dem steht die strenge Unterscheidung von logischen und nichtlogischen Sätzen entgegen, die den

„logischen Sätzen" „eine einzigartige Stellung unter allen Sätzen" gibt, da „man am Symbol allein erkennen kann, daß sie wahr sind", während für die „nichtlogischen Sätze" eine zusätzliche (empirische) Wahrheitsangabe gefordert ist (6.112, 6.113, 4.26).

(2) Andererseits: Eine Wahrheitsangabe kann *eigentlich* gar nicht gemacht werden, Wahrheit im Sinne einer Übereinstimmung von Sprache und Wirklichkeit kann nach Wittgenstein eigentlich gar nicht ausgesagt werden, weil das einen Beurteilungsstandpunkt *jenseits* von Sprache und Wirklichkeit, also auch jenseits der Logik, voraussetzen würde, — was wegen der vorausgesetzten Universalität der Logik unmöglich sein muß. Diese vorausgesetzte Universalität der Logik war aber *zugleich* der Grund dafür gewesen, daß die Logik — gleichsam wie eine „vorhandene" Wirklichkeit — als Faktum empirisch hingenommen und deshalb Wahrheit eben *doch* zusätzlich ausgesagt werden mußte (vgl. E 3): Die als universal angesetzte Logik verbietet die Wahrheitsangabe und fordert sie zugleich auch.

(3) Ähnlich: „Die Logik erfüllt die Welt" (5.61) und umgreift damit sozusagen allen Gehalt. Aber dieser positiven Beurteilung der Logik steht unmittelbar die negative gegenüber: „Die Sätze der Logik sind Tautologien. Die Sätze der Logik sagen also Nichts" (6.1, 6.11, 5.43, 6.124).

(4) „Kein Satz der Sprache kann etwas über sich selbst aussagen" (3.332), denn um Sprache, d. h. „um die logische Form darstellen zu können, müßten wir uns mit dem Satze außerhalb der Logik aufstellen können" (4.12). Aber *indem* Wittgenstein hier in einem Satz der Sprache über diese Sprache, also auch über seinen Satz selbst spricht, ist die These, und zwar durch sie selbst, bereits Lügen gestraft. Indem sie das vorgebliche Unvermögen der Sprache, über sich selbst zu sprechen, sprachlich formuliert, hat sie sich durch sich selbst unmittelbar widerlegt.

(5) Im Hinblick auf die Bedeutung des TRAKTAT formuliert Wittgenstein: „Ich bin also der Meinung, die Probleme im wesentlichen endgültig gelöst zu haben. Und wenn ich mich hierin nicht irre, so besteht nun der Wert dieser Arbeit zweitens darin, daß sie zeigt, wie wenig damit getan ist, daß die Probleme gelöst sind" (Vorwort S. 8). Anders gesagt, mit der Lösung der Probleme sollen die Probleme wesentlich noch ungelöst sein.

(6) Wittgenstein bekennt sich zu der Widersprüchlichkeit seiner Thesen und nimmt die Konsequenz der Absurdität auf sich: „Meine Sätze erläutern dadurch, daß sie der, welcher mich versteht, am Ende als unsin-

nig erkennt, wenn er durch sie — auf ihnen — über sie hinausgestiegen ist" (6.54). Wer also den Sinn in Wittgensteins Sätzen verstanden hat, hat damit verstanden, daß gar kein Sinn in ihnen ist. Der Rest ist Schweigen: „Er muß diese Sätze überwinden, dann sieht er die Welt richtig. Wovon man nicht sprechen kann, darüber muß man schweigen" (6.56, 7).

E 7 Daß solche Widersprüche auftreten müssen, wird in einer kritischen Analyse des Grundansatzes sichtbar: Die vermittelnde Zuordnung von Sprache und Wirklichkeit wird geleugnet (vgl. E 1). „Nach dieser Auffassung gehört also zum Bild auch noch die abbildende Beziehung, die es zum Bild macht" (2.1513). Die abbildende Beziehung wird immer schon als realisiert angesetzt. Der „Bildner", wenn man so sagen darf, interessiert deshalb gar nicht: „In der Logik drücken nicht *wir* mit Hilfe der Zeichen aus, was wir wollen, sondern in der Logik sagt die Natur der naturnotwendigen Zeichen selbst aus" (6.124). (In diesem Sinne sollte ja auch das „Einleuchten" eliminiert werden, vgl. E 1). Indem also die Abbildung als *fertige* angesetzt wird, ist der Vollzug des Abbildens, der Zuordnungsvollzug, übersprungen. Mit der unterschlagenen Zuordnung aber geht auch die Unterscheidung von Sprache und Wirklichkeit verloren. Denn in der *fertigen* Zuordnung bestätigt sich nur, daß Sprache und Wirklichkeit *derselben* Logik unterstehen, also eigentlich identisch sind. Unter diesem Aspekt erscheint die Logik als universal. — Diese Universalität, die der Logik zugesprochen wird, scheint einen Vermittlungsvollzug und damit auch eine vermittelnde Instanz — ein „Subjekt" — entbehrlich zu machen: „Das denkende, vorstellende Subjekt gibt es nicht" (5.631). Das Ich „schrumpft zum ausdehnungslosen Punkt zusammen, und es bleibt die ihm koordinierte Realität" (5.65). „Das Subjekt gehört nicht zur Welt, sondern es ist eine Grenze der Welt" (5.632). Was aber nicht zur Welt gehört, kann auch nicht zur Logik gehören (4.12). Wenn also das Subjekt nicht innerhalb der Welt und damit nicht innerhalb der Logik angesiedelt wird, muß ihm die Logik als ein *Fremdes* gegenüberstehen, das vom Subjekt nicht mehr als die eigene, d. h. selbstvollzogene Wirklichkeit verstanden werden kann. Die Logik ist zu einer von ihm unabhängigen Wirklichkeit geworden, die als ein Faktum hingenommen und empirisch eingeholt werden muß. Diese Faktizität der Logik wird jetzt zum Problem. Die Frage: warum ist die Logik so und nicht anders, scheint selbst nicht mehr logisch beantwortet werden zu können. Die Faktizität wird ein außerlogisches Moment an der Logik selbst, ein *Außerhalb* der gleichwohl als *universal* vorgestellten Logik. Das ist der Widerspruch.

E 8 Der Grund dafür liegt, wie schon angedeutet, in der Entsubjektivierung der Logik. Die Logik wird sozusagen von ihrer „logischen Wirklichkit", sprachliche Aktivität eines Sprachsubjekts zu sein, abgeschnitten. Diese verkürzte Logik ist also gar nicht universal, denn ihre vorgebliche Universalität entbehrt ja von vornherein das, was durch sie entbehrlich gemacht werden soll, das Sprachsubjekt des Vermittlungsvollzuges von Sprache und Wirklichkeit. Diese *mangelhafte* Universalität muß darum unmittelbar in die Dualität von „bloßer" Logik und empirischer Wirklichkeit zerfallen. Und diese Dualität wirft sofort das Problem der Vermittlung auf, das gerade eliminiert werden sollte! So muß erneut die Vermittlung (Abbildung) als grundsätzlich immer schon vollzogen postuliert werden, was erneut die These von der Universalität der Logik impliziert, die zwangsläufig erneut in Dualität umschlägt, usw. — Die Leugnung des Sprachsubjekts führt zur dualistischen Entgegensetzung von Logik und Wirklichkeit, und in dieser absoluten Dualität muß zugleich die universale Identität von Logik und Wirklichkeit postuliert werden. In dieser Absolutheit, d. h. ohne die Vermittlungsfunktion des Sprachsubjekts, gehen beide Positionen unablässig ineinander über. (Wie die Vermittlungsfunktion des Sprachsubjekts positiv zu bestimmen wäre, muß hier offen bleiben, soll aber später in Teil III ausführlicher thematisiert werden). Diese bei Wittgenstein undurchschaute Dialektik wird zum Grundproblem des späteren „Logischen Positivismus", der im TRAKTAT seinen Ausgang nimmt (vgl. Tugendhat TARSKI 144) und dessen Dialektik entfaltet und zum Austrag bringt. Diese Entwicklung soll im folgenden gleichsam exemplarisch am Werk Rudolf Carnaps, eines der herausragendsten Vertreter des Logischen Positivismus, demonstriert werden.

Teil II: Carnaps Wandlungen

F Carnap, „Der logische Aufbau der Welt" (1928)

F 1 Das umfangreiche Werk Rudolf Carnapas umfaßt bis zum Jahre 1961 weit über 150 Titel (vgl. hierzu die vollständige Bibliographie in dem Sammelband „The Philosophy of Rudolf Carnap" (1963), herausgegeben von P. A. Schilpp). Eine erschöpfende Würdigung ist im Rahmen dieser Arbeit also nicht möglich, wurde aber auch nicht angestrebt: Carnaps Werk soll hier nur als Modellfall des Logischen Positivismus, d. h. weder biografisch, noch im Sinne einer Monografie behandelt werden. Beabsichtigt ist vielmehr, die hier in der Sache wirkende Eigengesetzlichkeit der Problematik sichtbar zu machen und zu rekonstruieren. Daher kann — und muß — sich die Analyse im wesentlichen auf die größeren Arbeiten konzentrieren, in denen Wandlungen im Grundansatz prägnant in Erscheinung treten. — Der in Wittgensteins TRAKTAT implizit enthaltene Widerspruch — formelhaft: Logik und Wirklichkeit sind dasselbe und zugleich nicht dasselbe — wird in der Entwicklung des Logischen Positivismus nicht gleich in seiner vollen Schärfe manifestiert. Carnaps „Logischer Aufbau der Welt" (1928) ist der erste großangelegte Versuch einer Realisierung des von Wittgenstein entworfenen Programms — mit seinem latenten Widerspruch. (Wir zitieren jetzt nach Carnaps AUFBAU).

F 2 Zunächst sind für Carnap Logik und Wirklichkeit natürlich nicht dasselbe: „Die Logik (einschließlich der Mathematik) besteht nur aus konventionellen Festsetzungen über den Gebrauch von Zeichen und aus Tautologien aufgrund dieser Festsetzungen" (150, teilweise gesperrt). Auf der anderen Seite steht die „empirische Situation", das empirisch „Gegebene", „das sind die Erlebnisse selbst in ihrer Totalität und geschlossenen Einheit". Solche nicht mehr zerlegbaren Erlebniseinheiten „bezeichnen wir als ‚Elementarerlebnisse'" (143, 3, 138, 92, teilw. gesp.). — Freilich: diese Polarität von Logik und Wirklichkeit wird „im wirklichen Erkenntnisprozeß" der Wissenschaft durch „Synthesen oder Formungen" fortgesetzt überwunden (74). „Diese Erkenntnissynthese, nämlich die Gegenstandsbildung und die Erkennung oder Einordnung in Arten" führt durch „Verarbeitung" des Gegebenen zum „Begriffssystem der Wissenschaft" (139, 2), und in diesem Sinne ist also doch eine Entsprechung von Logik und Wirklichkeit zu konstatieren. Aber, und *hier* setzt Carnap an, *wie* kommt diese Entsprechung zustande, welchen *Regeln* unterliegt der Formungsprozeß? Das ist hier das Problem. „In der Wissenschaft geschieht die Verarbeitung, Gegenstandsbildung und Erkennung meistens intuitiv und nicht in der rationalen Form logischer Schlüsse" (138). Carnaps Ziel ist nun, diesen „vorwiegend intuitiv vollzogenen" Erkenntnisprozeß der Wissenschaft durch eine *„rationale Nachkonstruktion"* sichtbar zu machen (138 f): „Intuitive Erkenntnis wird durch diskursive Schlüsse ersetzt" (74). Carnap will so die Genese der wissenschaftlichen Begriffe, d. h. ihre stufenweise „*Konstituierung*" vom „Gegebenen" her rekonstruieren: „Das Ziel der vorliegenden Untersuchungen ist die Aufstellung eines erkenntnismäßig-logischen Systems der Gegenstände oder der Begriffe, des ,Konstitutionssystems'". „Das Konstitutionssystem stellt sich nicht nur, wie andere Begriffssysteme, die Aufgabe, die Begriffe in verchiedene Arten einzuteilen und die Unterschiede und gegenseitigen Beziehungen dieser Arten zu untersuchen. Sondern die Begriffe sollen aus gewissen Grundbegriffen stufenweise abgeleitet, ,konstituiert', werden, so daß sich ein *Stammbaum der Begriffe* ergibt, in dem jeder Begriff seinen bestimmten Platz findet. Daß eine solche Ableitung aller Begriffe aus einigen wenigen Grundbegriffen möglich ist, ist die Hauptthese der Konstitutionstheorie" (1). „Das Hauptproblem" dabei „betrifft die Möglichkeit der rationalen Nachkonstruktion von Begriffen aller Erkenntnisgebiete auf der Grundlage von Begriffen, die sich auf das unmittelbar Gegebene beziehen" (IX). Carnap ist hierbei auf die in der modernen Logistik verfügbaren Hilfsmittel, besonders die von Russell und Whitehead entwickelte „Relationstheorie", angewiesen (3), „die eigentliche Sprache des Konstitutionssystems ist die symbolische Sprache der Logistik" (134).

F 3   Soweit der Ansatz des „Konstitutionssystems". Seine weitere Ausführung soll hier nur angedeutet werden, zumal kommentierende Darstellungen bereits vorliegen: Eine instruktive Einführung gibt Stegmüller in „Hauptströmungen der Gegenwartsphilosophie" (387—392). Eine ausführliche Darstellung mit kritischem Akzent findet sich bei V. Kraft, „Der Wiener Kreis" (77—105). Ferner ist hinzuweisen auf mehr kritische Untersuchungen von E. Kaila, „Der logistische Neupositivismus", N. Goodman, „The Structure of Appearence", sowie einen Aufsatz vom selben Verfasser in dem Sammelband von Schilpp (CARNAP). Dort ist auch Carnaps Erwiderung auf diese Darstellung abgedruckt. Eine Art Zusammenfassung und Fazit des AUFBAU hat Carnap selbst in der wenig später erschienenen Schrift „Scheinprobleme in der Philosophie" gegeben. Eine hervorragende Darstellung, Analyse und Kritik des Carnapschen Konstitutionssystems liefert F. Kambartel in seinem Buch „Erfahrung und Struktur. Bausteine zu einer Kritik des Empirismus und Formalismus" (149—198).

F 4 Wir werden den Aufbau des Konstitutionssystems hier nur so weit skizzieren, wie dies zum Verständnis der Grundgedanken erforderlich ist. Wie bereits angedeutet, geht Carnap vom „Gegebenen" aus, das in Form von „unzerlegbaren Einheiten", den „Elementarerlebnissen", vorliegen soll. Durch die verschiedenen Formen der Synthese und Strukturierung dieser „Grundelemente" soll die sukzessive Konstituierung der verschiedenen Gegenstandbereiche geleistet werden: Auf den „unteren" Stufen zunächst die „eigenpsychischen Gegenstände", d. h. die Phänomene der Wahrnehmung. Dann die „physischen Gegenstände" und auf den „oberen" Stufen schließlich die „fremdpsychischen und geistigen Gegenstände". — Die Gegenstände der verschiedenen Stufen unterscheiden sich durch ihren Komplexitätsgrad. Die Komplexbildung kommt durch undefinierte „Grundrelationen" zustande (206). Carnap vermutet, daß eine einzige undefinierte Grundrelation, die „Ähnlichkeitserinnerung", genügt. Wie Carnap sich den Aufbau des Konstitutionssystems mit Hilfe der „Ähnlichkeitserinnerung" denkt, muß nun etwas genauer angedeutet werden: Zunächst werden als „Grundelemente" die „Elementarerlebnisse" konstituiert. Sie werden schlicht als diejenigen Elemente definiert, zwischen denen eine Ähnlichkeitserinnerung besteht. Damit kann dann die Relation „Teilähnlichkeit" konstituiert werden: sie besteht zwischen Elementarerlebnissen, die „als in einem Erlebnisbestandteil annähernd übereinstimmend" erinnert werden (150). Mit Hilfe dieser Relation werden nun speziellere Klassenbildungen möglich: die „Ähnlichkeitskreise" (z. B. die Menge farbverwandter Gegenstände), weiter „Qualitätsklassen" (z. B. die Klassen gleichfarbiger Gegenstände) usw. Auf diese Weise können die Wahrnehmungsphänomene und ihre Zeitordnung rekonstruiert werden. (Betreffs „Zeitordnung": die Ähnlichkeitserinnerung ist asymmetrisch, d. h. sie enthält schon die Unterscheidung von Vorher und Nachher (122)). Es folgt die Konstitution des physischen Raumes, der Raum-Zeit-Welt, der leiblichen Sphäre, schließlich des „Fremdpsychischen" und der „geistigen Gegenstände" (Kunstwerke, Rechtsordnungen usw.). — Diese knappen Andeutungen zum inhaltlichen Aufbau des Konstitutionssystems mögen hier genügen.

F 5 Was hier vorrangig interessiert, ist die Grundthese des Konstitutionssystems, „daß sich ein *Stammbaum der Begriffe* ergibt, in dem jeder Begriff seinen bestimmten Platz findet", ein „Einheitssystem aller Begriffe" (1, 2). Mit der Durchführung des Konstitutionssystems ist also nach Carnap „gezeigt, daß es *grundsätzlich* möglich ist, alle Gegenstände durch bloß strukturelle Eigenschaften (also gewisse formallogische Eigenschaften von Relationen oder Relationsgefügen) zu kennzeichnen" (7). „Das entspricht einer grundsätzlichen Auffassung der Konstitutionstheorie, daß *nämlich ein Beziehungsgefüge seinen Gliedern gegenüber primär ist*" (8). „Wir erhalten das Ergebnis, daß jede wissenschaftliche Aussage grundsätzlich so umgeformt werden kann, daß sie nur noch eine Strukturaussage ist" (20, teilweise gesperrt). Wie wichtig dieses Ergebnis ist, erläutert Carnap im nächsten Satz: „Diese Umformung ist aber nicht nur möglich, sondern gefordert. Denn die Wissenschaft will vom Objektiven sprechen; alles jedoch, was nicht zur Struktur, sondern zum Materiellen gehört, alles, was konkret aufgewiesen wird, ist letzten Endes subjektiv. In der Physik bemerken wir leicht diese Entsubjektivierung, die schon fast alle physikalischen Begriffe in reine Strukturbegriffe überführt hat" (2). Wie ist das zu verstehen? Unbestreitbar geht „das Bestreben der Wissenschaft . . . dahin, zu einem Bestand von nur intersubjektiven Aussagen zu gelangen" (200). „Das Problem lautet nun: Wie soll die Wissenschaft zu intersubjektiv gültigen Aussagen kommen, wenn alle ihre Gegenstände von einem individuellen Subjekt aus konstituiert werden, wenn also alle Aussagen der Wissenschaft im Grunde nur Beziehungen zwischen ‚meinen' Erlebnissen zum Gegenstand haben?" Carnaps Antwort: „Die Lösung des Problems liegt darin, daß zwar das *Material* der individuellen Erlebnisströme völlig verschieden, vielmehr überhaupt inkommensurabel ist, da eine Vergleichung zweier Empfindungen oder zweier Gefühle verschiedener Subjekte im Sinne ihrer unmittelbaren Gegebenheitsqualität widersinnig ist, aber gewisse *Struktureigenschaften* stimmen für alle Erlebnisströme überein. Auf die Aussagen über solche Struktureigenschaften muß sich die Wissenschaft beschränken, da sie objektiv sein soll" (90 f).

F 6 Diese Argumentation in Richtung „Entsubjektivierung" möge durch ein von Carnap selbst verwendetes Beispiel illustriert werden: Hinsichtlich der objektiven, d. h. intersubjektiven Eigenschaften des als „Abendstern" bezeichneten Himmelskörpers sind die Gefühlsregungen, die ich bei seinem Anblick empfinden mag, völlig irrelevant. Irrelevant ist in diesem Sinne auch, ob ich den „Abendstern" etwa als „Morgenstern" bezeichne. Objektiv, im Sinne von intersubjektiv relevant, also unabhängig von subjektiven, „privaten" Einstellungen, sind dagegen physikalische Bestimmungen wie Ort und Impuls des Objekts, Bestimmungen also, die nicht meine privaten Empfindungen beschreiben, sondern das Objekt *durch seine Beziehung zu anderen Objekten* (d. h. durch ein Bezugssystem) charakterisieren. Ort und Impuls eines Planeten z. B. bestimmen sein physikalisches Verhalten im Kraftfeld der Sonne (Umlaufzeit, Bahnkurve usw.). Mit anderen Worten, physikalische Bestimmungen „funktionalisieren" das Objekt, indem sie es in Relation zu anderen Objekten setzen. Sie konstituieren sozusagen ein „Relationengefüge", das „seinen Gliedern gegenüber primär ist" (8). Diese Funktionalisierung oder Strukturbeschreibung faßt das Objekt nicht als isoliertes „Wesen", sondern bestimmt es aus dem Strukturzusammenhang oder Kontext aufeinander bezogener Objekte, seiner *„Extension".* Carnap: „Wir sprechen deshalb von einer *,extensionalen Methode'* der Konstitution. Sie stützt sich auf die *,Extensionalitätsthese':* In jeder Aussage über einen Begriff darf dieser Begriff extensional genommen, d. h. durch seine Extension (Klasse oder Relation) dargestellt werden" (57).

F 7 Terminologisch knüpft Carnap hier an den Sprachgebrauch der „Principia Mathematica" von Russell und Whitehead an, der zwischen „intensionalen" und „extensionalen" Aussagen unterscheidet. Der Sache nach geht diese Unterscheidung auf Frege zurück, der zwischen „Sinn" und „Bedeutung" einer Aussage (bzw. zwischen Funktion und deren Wertverlauf) unterschieden hatte. „Sinn" meint hierbei den gedanklichen Gehalt eines Ausdrucks, „Bedeutung" dagegen das, was davon in der Sache selbst realisiert ist: Die Bedeutung (in diesem Fregeschen Sinne) oder Extension eines *Satzes* z. B. ist nicht sein Aussageinhalt, sondern sein „Wahrheitswert", d. h. seine Wirklichkeitsgeltung. Die Extension eines *Eigenschaftsprädikates* (einstelliges Prädikat) charakterisiert die Eigenschaft durch die Klasse der Gegenstände, die diese Eigenschaft besitzen. Die Extension eines *Relationsprädikats* (mehrstelliges Prädikat) charakterisiert die Relation durch die Klasse der einander zugeordneten Relationsglieder, usw. Die Extension eines Ausdrucks, so könnte man allgemein sagen, charakterisiert diesen durch im Wirklichkeitszusammenhang selbst nachweisbare Merkmale. Der Übergang von der gedanklichen Intension („Sinn") zur wirklichkeitsbezogenen Extension („Bedeutung") ist somit als „Objektivierung" zu deuten. Als leitende Absicht ist dies schon bei Frege ausgesprochen: „Das Streben nach Wahrheit also ist es, was uns überall vom Sinn zur Bedeutung vorzudringen treibt" (Frege SINN 46). Wir werden später ausführlicher auf diesen Punkt zurückkommen (Abschnitt I und J). Hier genügt zunächst der Hinweis, daß die „extensionale Methode" dazu dienen soll, um subjektive Sinnmannigfaltigkeiten auf die zugrundeliegenden Sachstrukturen zu reduzieren, wobei die „Extensionalitätsthese" darüber hinausgehend besagt, daß dies stets möglich sei. Damit ist jedenfalls schon deutlich geworden, daß Durchführung und Legitimierung des ganzen Konstitutionsprogramms wesentlich auf der extensionalen Methode beruhen. Um das näher zu erläutern, wollen wir den Aufbau des Konstitutionssystems jetzt unter diesem methodischen Aspekt betrachten:

F 8   Zunächst wird die Vielfalt der subjektiven Erlebnisse in der Weise geordnet, daß ihre *logisch*-extensionale Struktur sichtbar wird. Technisch geschieht das so, daß die Erlebnisinhalte auf Ähnlichkeit (Teilgleichheit) hin untersucht und entsprechend in Ähnlichkeitsklassen eingeordnet werden. (Ein von Carnap verwendetes Beispiel: Bahnknotenpunkte können statt durch Namen auch extensional-strukturell gekennzeichnet werden, etwa durch die Zahl der von ihnen ausgehenden Bahnlinien bzw. die Nachbarschaftsrelationen der Orte). Dadurch sind zunächst alle subjektiven Erlebnisbezüge ausgeschaltet, die Erlebnimannigfaltigkeit ist auf ihre Klassenstruktur (Enthaltensein, Komplement-sein usw.) reduziert. Oder anders ausgedrückt, von den Elementarerlebnissen lassen sich Sätze prädizieren, deren Prädikate extensional, d. h. Klassenbestimmungen sind. — Die so gewonnene Klassenstruktur verbleibt aber noch auf der *logischen* Ebene, weil die Erlebnismannigfaltigkeit hier zunächst nur auf die Extension der verwendeten *Prädikate* reduziert ist. Die extensionale

Methode fordert aber, daß auch die so prädizierten *Sätze* noch auf ihre Extension, d. h. auf deren Wahrheitswert oder *faktische* Geltung reduziert werden. Die extensionale Reduktion führt damit weiter zur Klasse der Ereignisse, die nicht nur *logisch* als ähnlich, sondern auch *faktisch* als ähnlich *erinnert* werden, zurück. Eben darum kann Carnap die „Ähnlichkeitserinnerung" als „Grundrelation" für die Konstitution der wissenschaftlichen Begriffe betrachten: Denn in ihr sind sozusagen beide Komponenten, die logische *und* die faktisch-empirische verknüpft: Die Extension der Relation „Ähnlichkeiterinnerung" ist zunächst *logisch* durch die (Paar-)Klassen ähnlicher Erlebnisse überhaupt gegeben, die im Hinblick auf die *faktische* Wirklichkeit dann aber noch auf die faktisch erinnerten Erlebnisse restringiert werden müssen. Diesen in der extensionalen Methode vollzogenen Rückgang auf die faktisch erinnerten Erlebnisse eines Individuums, auf dessen „eigenpsychische Basis" also, nennt Carnap auch *„methodischen Solipsismus".*

F 9 Wir wollen hier nicht auf die logisch-technischen, wahrnehmungspsychologischen und erkenntnistheoretischen Schwierigkeiten eines solchen Unternehmens eingehen. Auch das von Kambartel (ERFAHRUNG 177 f, 192—198) in diesem Zusammenhang erörterte Problem der Deutungsbedürftigkeit formaler Strukturen braucht hier noch nicht thematisiert zu werden. (Das Interesse dieser Arbeit wird sich später, Kapitel G und H, allerdings wesentlich auf diesen Punkt konzentrieren). Es geht hier nur darum, den einfachen Grundgedanken und seine weitertreibende Problematik sichtbar zu machen. Rückblickend kann Carnaps Argumentation in drei Schritten nachvollzogen werden: (1) In der Wissenschaft wird die Wirklichkeit extensional beschrieben, d. h. zunächst in logische Struktur (Klassenstruktur) aufgelöst und dadurch ihres subjektiv-privaten Charakters entkleidet. (2) Aber „die Logik (einschließlich der Mathematik) besteht nur aus konventionellen Festsetzungen" (150) und hat insofern eigentlich gar nichts mit Wirklichkeit zu tun. — Das ist vorerst noch der Wittgensteinsche Widerspruch (vgl. F 1), der bei Carnap jetzt aber durch die „extensionale Methode" überspielt wird: (3) Zwar hat Logik im Sinne „konventioneller Festsetzungen" nichts mit Wirklichkeit zu tun, aber sie ist auf Wirklichkeit *bezogen,* wenn zurückgegangen wird auf das, was ihr im Wirklichen *entspricht,* die Extension oder der Wahrheitswert wissenschaftlicher Sätze, und das bedeutet: Rückgang auf die faktische Erlebniswirklichkeit des einzelnen Wissenschaftlers, „methodischer Solipsismus". — Die so konstituierten Begriffe und Sätze können sich letztlich also doch nur auf die faktischen Erlebnisse eines Einzelindividuums beziehen. Sie reichen nicht darüber hinaus, nicht über seine persönliche Vergangenheit, eigentlich nicht einmal über seine unmittelbare Gegenwart (denn: bin ich wirklich sicher, daß ich mich *richtig* erinnere? Die Ähnlichkeitserinnerung muß deshalb von Carnap von vornherein als zuverlässig funktionierend *vorausgesetzt* werden). Dann aber wären Aussagen über nicht unmittelbar hier und jetzt Wahrgenommenes, universelle Aussagen, Naturgesetze, Prognosen über zukünftige Ereignisse, Aussagen über Fremdpsychisches usw. in der Wissenschaft eigentlich gar nicht möglich. Unmöglich wären also gerade jene *intersubjektiven* Aussagen, um die es der Wissenschaft nach Carnaps eigenem Bekunden einzig und ausschließlich geht, kurz, die „extensionale Methode", die zur Wirklichkeit vordringen und die Subjektivität der Erlebnisinhalte ausschalten sollte, führt erst recht in diese Subjektivität zurück.

F 10 Kritik ist in diesem Sinne vom Logischen Positivismus selbst geübt worden. Hier sei nur auf die in F 3 zitierten Arbeiten von Kaila, Kraft, Goodman, sowie auf Wittgensteins GESPRÄCHE (um 1930) mit Schlick und Waismann hingewiesen. Krafts Kritik kommt, in positiver Formulierung, zu dem Ergebnis, die Konstitutionstheorie habe „das nicht zu unterschätzende Verdienst, daß aus ihm die Konsequenzen und die Begrenztheit eines rein erlebnisimmanenten Aufbaus der Begriffe mit aller Klarheit hervorgehen" (Kraft WIENER 101). Die faktischen, unmittelbaren Einzelerlebnisse eines Subjekts können offenbar keine Basis für die Intersubjektivität der Wissenschaft sein. Die „eigenpsychische Basis" und mit ihr der „methodische Solipsismus" müssen aufgegeben und durch eine vom Subjekt unabhängige Basis ersetzt werden. — Angeregt durch Otto Neurath, ebenfalls Mitglied des „Wiener Kreises", neigt Carnap darum immer mehr dazu, die vom Einzelsubjekt unabhängige *physikalische Gegenstandswelt* als Basis anzusetzen. Neurath und Carnap vertreten etwa seit 1930 in der Zeitschrift „Erkenntnis" den „Standpunkt, den man als *Physikalismus* bezeichnen kann", in dem Sinne nämlich, daß wir in der gesamten Wissenschaft „heute mit dem räumlich-zeitlichen System operieren, das dem der Physik entspricht" (Neurath SOZIOLOGIE 397). Der Physikalismus betrachtet also „die physikalische Sprache als Universalsprache der Wissenschaft" — so überschreibt Carnap einen Aufsatz in „Erkenntnis" (Band 2, 1931) — und versteht die verschiedenen Einzelwissenschaften als Sonderformen einer universalen „Einheitswissenschaft", deren Sprache die physikalische Sprache ist. Man beachte, daß in diesem Ansatz die physikalische *Sprache* als das Verbindende, Verbindliche, d. h. als Garant der Intersubjektivität verstanden ist: Der Physikalismus geht nicht mehr auf das Hier und Jetzt der Wahrnehmung zurück — das wäre nur der Rückfall in den methodischen Solipsismus, der vermieden werden soll —, sondern auf das „Protokoll", die *sprachliche Mitteilung* über Wahrnehmungen.

G Carnap, „Logische Syntax der Sprache" (1934)

G 1 Systematisch entwickelt Carnap diesen Ansatz in seinem nächsten großen Werk „Logische Syntax der Sprache", erschienen 1934. Ein Resümee der neuen Position gibt der ebenfalls 1934 erschienene Aufsatz „Die Aufgabe der Wissenschaftslogik". (Wenn nicht anders angegeben, wird nach SYNTAX zitiert). — Carnaps Argumentation hebt jetzt darauf ab, daß der intersubjektive Gehalt wissenschaftlicher Ausdrücke durch *logische Analyse* der faktisch schon vorliegenden Wissenschaftssprache, d. h. der „Gesamtheit der anerkannten Sätze", zu erfassen sei Carnap WISSENSCHAFTSLOGIK 5). *Wie* die Aussagen und Begriffe der Wissenschaft überhaupt zustande kommen, interessiert nun (im Gegensatz zum AUFBAU) nicht mehr, sondern ist „Sache des beobachtenden, protokollierenden Physikers" bzw. Wissenschaftlers (244). Der gesamte Prozeß der Erfahrungsbildung, soweit er sich im *außer*sprachlichen Bereich bewegt, bleibt außer Betracht, insbesondere die instrumentelle Praxis der Gewinnung und Nachprüfung wissenschaftlicher Ergebnisse. Verifikations- und Falsifikationsverfahren können nach dieser Auffassung erst im *sprachlichen* Bereich ansetzen. Sie werden so als rein logische Techniken gedeutet, mit deren Hilfe eine bereits vorliegende Wissenschaftssprache zu analysieren ist (245 f). *Sprachanalyse*, logische Analyse der Wissenschaftssprache, ist für Carnap jetzt die Methode, um über den wissenschaftlichen, und das heißt jetzt, den „logischen Gehalt" bereits vorliegender Formulierungen zu befinden. — Um diese Analyse zu ermöglichen, muß nun das System der logischen Regeln und Konventionen, das der Wissenschaftssprache implizit zugrunde liegt, ihre „*Syntax*" sozusagen, vollständig herausgearbeitet werden. Carnap spricht in Anlehnung an Wittgenstein (TRAKTAT, GESPRÄCHE) von der „logischen Syntax der Wissenschaftssprache" oder kurz von „Wissenschaftslogik". Er versteht darunter wesentlich eine *„formale Theorie der Sprachformen* dieser Sprache: die systematische Aufstellung der formalen Regeln, die für diese Sprache gelten, und die Entwicklung der Konsequenzen aus diesen Regeln" (1). Wichtig ist der Zusatz „formal". „*Formal* soll eine Theorie, eine Regel, eine Definition oder dergleichen heißen, wenn in ihr auf die Bedeutung der Zeichen (z. B. der Wörter) und auf den Sinn der Ausdrücke (z. B. der Sätze) nicht Bezug genommen wird, sondern nur auf Art und Reihenfolge der Zeichen, aus denen die Ausdrücke aufgebaut sind" (1).

G 2 Dieses Absehen von Sinn und Bedeutung (im üblichen Sinne) durch Rückgang auf die „formalen" Merkmale, die reinen Formbestimmungen der Sprache, impliziert zwei wichtige Aspekte. Es bedeutet einmal, daß die Analyse *innersprachlich,* also rein zeichenbezogen, durchgeführt werden soll. „It refers", wie es noch deutlicher in der 1939 erschienenen Abhandlung FOUNDATION heißt, „not to any extralinguistic objects" (16). Das heißt andererseits aber nicht, daß auf Sinn und Bedeutung überhaupt *verzichtet* werden soll, sondern enthält die Forderung, den Sinn- und Bedeutungsgehalt von Ausdrücken an der sprachlichen *Form* sichtbar zu machen. Oder umgekehrt, als Gehalt eines Ausdrucks wird nur das akzeptiert, was *formal, d. h. sprachlich-strukturell* manifest ist. Dadurch wird, so Carnap, die „inhaltliche Betrachtung, die nicht nur nach der formalen Gestalt, sondern darüber hinaus nach Bedeutung und Sinn fragt", entbehrlich. Denn Carnap ist überzeugt, „daß die formale Methode, wenn sie genügend weit durchgeführt wird, alle logischen Probleme erfaßt, auch die sogenannten inhaltlichen oder Sinnprobleme" (207 f). Wie ist das zu verstehen? Ein sprachlicher Ausdruck steht als solcher ja nicht isoliert für sich, sondern ist bezogen auf ein System von Zeichen- und Formregeln. Dieses Bezugssystem ist eben die „logische Syntax", die den Zusammenhang der Ausdrücke eines Sprachsystems begründet und dadurch jedem Ausdruck eine Art *Stellenwert* verleiht. Dieser Stellenwert eines Ausdrucks spiegelt seine Funktion im Gesamtzusammenhang und kann so gewissermaßen mit seinem *„Gehalt"* identifiziert werden. Man vergleiche hierzu die in D 3 zitierte Formulierung von Schlick: Keiner der Begriffe im „gleichsam freischwebenden" Formalismus bezeichnet „ein Wirkliches, sondern sie bezeichnen sich gegenseitig in der Weise, daß die Bedeutung des einen Begriffes in einer bestimmten Konstellation einer Anzahl der übrigen besteht" (Schlick ERKENNT-NISLEHRE 35). „Gehalt" wird auf diese Weise formal-strukturell, d. h. ausschließlich von syntaktischen Beziehungen her faßbar. Die Stärke dieser Methode liegt auf der Hand: Auf diese Weise läßt sich *exakt* feststellen, ob z. B. ein vorgelegter Satz mit einem anderen Satz gehaltgleich ist oder nicht: „Zwei Sätze sind offenbar dann und nur dann gehaltgleich, wenn jeder von beiden Folge des anderen ist", d. h. „bei der *logischen* Frage der Sinngleichheit kann es sich um nichts anderes handeln als um die Übereinstimmung der beiden Sätze in allen Folgebeziehungen. Der Begriff der logischen Sinngleichheit wird daher durch den … definierten syntaktischen Begriff ‚gehaltgleich' genau getroffen" (38). — Diese Methode der syntaktischen Strukturanalyse ist nach wie vor die im „Logischen Aufbau der Welt" eingesetzte „extensionale Methode", jedoch eingeschränkt auf den *inner*sprachlichen (formalen) Bereich.

G 3 Wenn die formal-syntaktische Analyse für die *faktisch* vorliegende Wissenschaftssprache durchgeführt werden soll, so muß, wie bereits angedeutet, das zunächst verborgene Bezugssystem, die logische Syntax der Wissenschaftssprache, sichtbar gemacht, es muß eine „Wissenschaftslogik" ausgearbeitet werden. Natürlich geht es Carnap hier nicht um die konkrete Durchführung, sondern zunächst nur um die prinzipielle Durchführbarkeit dieses Programms. — Um den Gehalt eines wissenschaftlichen Ausdrucks erschöpfend erfassen zu können, müssen offenbar *alle möglichen* Zusammenhänge, in denen er auftreten kann, bekannt sein. Damit ist klar, daß die Syntax der Wissenschaftssprache nicht nur die rein *logischen* Grundsätze oder „L-Bestimmungen" — das sind logische „Umformungsbestimmungen", also Festsetzungen, „unter welchen Bedingungen ein Satz *Folge* eines oder mehrerer Sätze (der *Prämissen*) ist" (25) — enthalten kann. Es ist darüber hinaus erforderlich, „unter die Grundsätze auch sogenannte *Naturgesetze* aufzunehmen, d. h. allgemeine Sätze der Physik (‚Physik' hier im weitesten Sinne verstanden). Man kann auch noch weiter gehen, nicht nur allgemeine, sondern auch konkrete Sätze aufnehmen, z. B. empirische *Beobachtungssätze*. Im äußersten Fall kann man so weit gehen, daß man die Umformungsbestimmungen von S ((d. h. des Sprachsystems)) so ausbaut, daß jeder augenblicklich (von einem bestimmten Einzelnen oder von der Wissenschaft) anerkannte Satz in S gültig ist" (133). Im Gegensatz zu den L-Bestimmungen spricht

Carnap hier von physikalischen oder „P-Bestimmungen". — Wenn wir im Rahmen dieser grundsätzlichen Untersuchung von der forschungsbedingten Vorläufigkeit der P-Bestimmungen einmal absehen, so ist das hier anvisierte Ideal von Wissenschaftslogik offensichtlich die Aufstellung einer vollständig formalisierten Theorie zusammen mit dem vollständigen System der empirischen Randbedingungen, wie dies z. B. in Teilbereichen der Physik möglich ist. Das Beispiel der klassischen Mechanik etwa zeigt, wie ein Wirklichkeitsbereich erschöpfend in der Gestalt eines formalen Systems repräsentiert werden kann. Ähnlich ist hier die Wissenschaftslogik als *Kalkül* intendiert, der die Wirklichkeit als Struktur- und Funktionsgefüge auf der syntaktischen Ebene *formal nachbildet* und dadurch außersprachliche Gehalte rein formal, d. h. innersprachlich faßbar macht (4 f).

G 4   Diese Auffassung, daß der Gehalt eines Ausdrucks durch die Gesamtheit der Zusammenhänge, in denen er auftreten kann, formal faßbar sei, bietet zunächst noch gewisse Schwierigkeiten. Nehmen wir z. B. an, daß die Ausdrücke „Tisch" und „Table" als synonym, d. h. als gehaltgleiche Ausdrücke definiert worden sind. Das würde bedeuten, daß in jedem Satz, in dem der Ausdruck „Tisch" auftritt, für „Tisch" der Ausdruck „Table" eingesetzt werden dürfte, ohne daß sich der Gehalt des Satzes änderte. Das ist im allgemeinen auch richtig, z. B. bei einem Satz wie „Der Tisch hat 4 Beine". Mit der vorausgesetzten Synonymitätsdefinition könnte dafür auch der gehaltgleiche Satz „Der Table hat 4 Beine" geschrieben werden. Aber für den Satz „Tisch ist einsilbig" gilt das offensichtlich nicht mehr. Durch Einsetzung entsteht hieraus „Table ist einsilbig". Da „Table" ein zweisilbiger Ausdruck ist, ist dieser Satz falsch.

G 5   Carnap kann diese Schwierigkeit durch die Unterscheidung von „Objektsprache" und „Syntaxsprache" beheben: Wir haben „es zunächst mit zwei Sprachen zu tun: mit der Sprache, die das Objekt unserer Darstellung bildet — wir wollen sie *Objektsprache* nennen —, und mit der Sprache, in der wir *über* die syntaktischen Formen der Objektsprache reden — wir wollen sie *Syntaxsprache* nennen" (4). Mit dieser Unterscheidung ergibt sich, daß der Satz „Der Tisch hat 4 Beine" ein Satz der Objektsprache, ein „echter Objektsatz", ist, wie Carnap sagt. Der Objektsatz meint den wirklichen Tisch, während der Satz „Tisch ist einsilbig" keine Aussage über den Tisch, sondern über das *Wort, das* Namenszeichen für diesen Gegenstand, macht, mithin syntaktischer Natur ist. Solche Sätze, die nur scheinbar echte Objektsätze, tatsächlich aber syntaktische Sätze sind, nennt Carnap „Pseudoobjektsätze" (210 f). Pseudoobjektsätze sind somit „quasi-syntaktisch" (211). Sie entstehen, wenn nicht sauber zwischen Objektsprache und Syntaxsprache unterschieden wird. Der Satz „Tisch ist einsilbig" scheint ein Satz der Objektsprache zu sein. Daß er dies nur scheinbar ist, zeigt sich daran, daß er in einen Satz der Syntaxsprache übersetzt werden kann: Der Satz „Tisch ist einsilbig" benutzt eine inhaltliche Redeweise, die erst durch Übersetzung in die sog. *„formale Redeweise"* ihre wahre syntaktische Form „,Tisch' ist einsilbig" zeigt. Hier wird durch Anführungszeichen „. . .' angezeigt, daß nicht der Gegenstand „Tisch", sondern dessen Namensbezeichnung „,Tisch' " gemeint ist. Ist diese Unterscheidung erst einmal sauber durchgeführt, so ist damit auch klar, daß nur die objektsprachlichen Ausdrücke „Tisch" und „Table" synonym und darum füreinander einsetzbar sind, nicht jedoch die syntaktischen Ausdrücke „,Tisch' " und „,Table' ". Carnap bringt ähnliche Beispiele (§ 42, § 74 und WISSENSCHAFTSLOGIK 13), die zeigen sollen, „welche Unklarheiten entstehen, wenn nicht deutlich gemacht wird, ob ein Ausdruck zur Objektsprache gehört oder syntaktische Bezeichnung ist" (112).

G 6 Mit der strikten Unterscheidung von Syntax und Objektsprache ist aber ein neues Problem entstanden. Die logisch-syntaktischen Analysen sollten ja auf den innersprachlichen (formalen) Bereich beschränkt sein (vgl. G 2). Nun wird aber die Syntax strikt gegen die Objektsprache abgegrenzt. Bedeutet das womöglich, daß die Syntax selbst *nicht* dem innersprachlichen Bereich zugerechnet werden darf, der mit ihrer Hilfe untersucht werden soll? Genauer, kann die für die Objektsprache kompetente Syntax zugleich ihre eigene, d. h. die ihr selbst zugrundeliegende Syntax mitformulieren? Oder „wird zur Formulierung der Syntax der Syntax eine dritte Sprache benötigt, usf. ins Unendliche" (46)? Oder läßt sich die Syntax einer Sprache womöglich überhaupt nicht sprachlich formulieren? Die letztgenannte, radikale Position war von Wittgenstein im TRAKTAT vertreten worden: „Kein Satz kann etwas über sich selbst aussagen" (TRAKTAT 3.332). Nach dieser Auffassung „gibt es nur *eine* Sprache; was wir ((Carnap)) Syntax nennen, kann nach dieser ((Wittgensteins)) Auffassung überhaupt nicht ausgesprochen werden, sondern ‚zeigt sich' " nur (46). — Carnap weist diese Einwände entschieden zurück. Den Verdacht, daß die Syntax einer Sprache ihrerseits nicht mehr sprachlich formulierbar sei, läßt er gar nicht aufkommen, indem von vornherein stets von Syntax*sprache* die Rede ist. Darüber hinaus will Carnap zeigen, „daß man tatsächlich mit *einer* Sprache auskommt; aber nicht durch Verzicht auf die Syntax, sondern dadurch, daß die Syntax dieser Sprache in dieser Sprache selbst formuliert werden kann, ohne daß dadurch ein Widerspruch entsteht. In jeder Sprache S kann die Syntax irgendeiner beliebigen Sprache — gleichviel ob die einer ganz andersartigen Sprache oder die einer Teilsprache von S oder die von S selbst — in demjenigen Umfang formuliert werden, der durch den Reichtum der Sprache S an Ausdrucksmitteln gegeben ist" (46).

G 7 Um diesen Nachweis zu führen, bedient Carnap sich der von Kurt Gödel entwickelten Methode der „Arithmetisierung" eines Sprachsystems (K. Gödel, „Über formal unentscheidbare Sätze der Principia Mathematica und verwandter Systeme", 1931). — Einen guten Zugang zu der nicht ganz leichten Arbeit Gödels vermittelt die ausführliche Darstellung von E. Nagel und J. R. Newman, „Der Gödelsche Beweis". Ebenso die sehr instruktive Interpretation von W. Stegmüller, „Unvollständigkeit und Unentscheidbarkeit". Der Grundgedanke der von Gödel entwikkelten Arithmetisierungsmethode oder, wie oft kurz gesagt wird, der „Gödelisierung" eines Sprachsystems, ist durchaus einfach. Er beruht auf dem Prinzip der „Übersetzung". Gödel zeigte, „daß es möglich ist, jedem Elementarzeichen, jeder Formel (oder Zeichenfolge) und jedem Beweis (oder jeder endlichen Folge von Formeln) eine *eindeutige Zahl* zuzuordnen. Diese Zahl, die als eine Art unterscheidendes Etikett dient, wird die ‚Gödelzahl' des Zeichens, der Formel oder des Beweises genannt" (Nagel GÖDEL 69). Auf diese Weise lassen sich die formalen Beziehungen innerhalb eines Sprachsystems umkehrbar eindeutig in Zahlenrelationen übersetzen, d. h. „alle Sätze der reinen Syntax folgen aus diesen arithmetischen Definitionen und sind somit analytische Sätze der elementaren Arithmetik" (50). Die Arithmetisierung ist gleichsam eine besondere Art von Übersetzung, in der Objektsprache und Syntaxsprache zu einer einzigen, eben der „arithmetisierten" Sprache, verschmolzen sind. Auf technische Details der Arithmetisierung braucht in dem hier interessierenden Zusammenhang nicht näher eingegangen zu werden. Festzuhalten ist dagegen dieses, daß Objektsprache und Syntaxsprache mit Hilfe dieser Methode gewissermaßen *auf derselben Ebene,* eben arithmetisch, formulierbar sein sollen.

G 8   Daß mit Übernahme der Gödelschen Arithmetisierungsmethode auch das Gödelsche „Unvollständigkeitsproblem" auftritt, hat Carnap offenbar von vornherein gewußt. In seiner Autobiografie berichtet er: „I often talked with Gödel about these problems. In August 1930 he explained to me his new method of correlating numbers with signs and expressions. . . . He told me that, with the help of this method of arithmetization, he had proved that any formal system of arithmetic is incomplete and incompletable" (Carnap AUTOBIO 53). — „Incomplete", „unvollständig", heißt ein formales System, wenn es einen logisch gültigen Satz enthält, der gleichwohl „unentscheidbar", d. h. innerhalb des Systems weder beweisbar noch widerlegbar ist.

G 9   In SYNTAX konstruiert Carnap selbst ein Beispiel eines unentscheidbaren Satzes (§ 35, 36). Er räumt überdies ein, daß bei Verwendung bestimmter syntaktischer Begriffe wie „analytisch", „kontradiktorisch", „gültig", „Folge" usw. die sog. syntaktischen Antinomien gebildet werden könnten (164). In der 1937 erschienenen englischen Übersetzung der SYNTAX hat Carnap ein ergänzendes Kapitel über die Antinomien und die Unvollständigkeitsproblematik eingefügt, in dem er diesen Punkt ausführlicher darlegt (SYNTAX(E) § 60 a-d). Über die weitreichenden Konsequenzen für den syntaktischen Ansatz selbst scheint Carnap sich aber zunächst nicht im klaren zu sein (vgl. hierzu Beth LANGUAGES 476 f, 483). Die aus der Gödelschen Unvollständigkeitsproblematik resultierenden Schwierigkeiten sind Carnap erst durch Untersuchungen der „Warschauer Schule" (Lesniewski, Kotarbinski u. a.) und besonders Tarskis sichtbar geworden (Carnap AUTOBIO 60 f). In seiner berühmt gewordenen Arbeit „Der Wahrheitsbegriff in den formalisierten Sprachen" zeigt Tarski, daß metatheoretische Prädikate wie „bezeichnet", „definiert", „erfüllt" (eine Formel) usw. grundsätzlich *nicht* der formalen Sprachebene angehören können, *über* die sie sprechen, andernfalls kommt es zum Auftreten von Antinomien (Tarski: WAHRHEITSBEGRIFF 193). Wie reimt sich das aber mit Carnaps These, daß die Syntax einer Sprache „in dieser selbst formuliert werden kann, ohne daß dadurch ein Widerspruch entsteht" (46, vgl. G 6)?

G 10   Das Problem soll für das Prädikat „Nichtzukommen eines Zahl-prädikats" durch ein Beispiel verdeutlicht werden, das der sog. „Richard-schen Antinomie" nachgebildet ist. Wir knüpfen dabei an Stegmüllers Darstellung in UNVOLLSTÄNDIGKEIT an. Am Beispiel der Richard-schen Antimonie kann das Gödelsche Verfahren — Konstruktion unent-scheidbarer Sätze — gut veranschaulicht und, wie Stegmüller bemerkt, „durch Überführung aus der vagen Alltagssprache in ein nach präzisen Regeln aufgebautes zahlentheoretisches System S sukzessive in das erste Theorem von Gödel umgeformt werden" (UNVOLLSTÄNDIGKEIT 3). Wir wollen eine solche Umformung hier nicht technisch durchführen, sondern nur die Antinomie selbst skizzieren.

G 11   Wir betrachten die natürlichen Zahlen, 1, 2, 3, . . ., n, ... Diese Zahlen haben Eigenschaften, die wir durch Zahlprädikate, z. B. „gerad-zahlig", „ungeradzahlig", „primzahlig" usw., beschreiben. Die Wort-ausdrücke dieser Prädikate können nun (bezogen auf eine bestimmte, hier die deutsche Sprache) in eine definierte Ordnung gebracht werden, sie können etwa *lexikografisch*, d. h. alfabetisch und nach steigender Wortlänge, aufgelistet werden. Um in dieser Liste ein bestimmtes Zahl-prädikat bezeichnen zu können, geben wir an, an wievielter Stelle es in der Liste steht. Steht es z. B. an n-ter Stelle, so ordnen wir ihm die Ab-kürzung A_n zu und sprechen in diesem Sinne kurz von dem Zahlprädi-kat A_n. — Wir haben jetzt also zwei Reihen definiert: (1) die Reihen-folge der natürlichen Zahlen 1, 2, 3, . . . und (2) die lexikografische Rei-henfolge der Zahlprädikate A_1, A_2, A_3, . . . Beide Reihen haben zu-nächst natürlich nichts miteinander zu tun. Wir stellen jetzt aber eine Beziehung her, indem wir für eine beliebige Zahl n die Frage stellen, ob ihr ein bestimmtes Zahlprädikat A_k (k beliebig) zukommt oder nicht zukommt. Wir schreiben dies in der Form

(1) $$A_k(n),$$

wenn der Zahl n das Zahlprädikat A_k zukommt, bzw.

(2) $$nonA_k(n),$$

wenn der Zahl n das Zahlprädikat A_k *nicht* zukommt. Dies zunächst allgemein zur Schreibweise. — Wir betrachten jetzt insbesondere solche Zahlen n, für die

(3) $$nonA_n(n)$$

45

gilt, d. h. Zahlen *n*, denen speziell das Zahlprädikat A_n nicht zukommt. Aber dieses Nichtzukommen von A_n, kurz „non A_n", charakterisiert offenbar selbst auch Zahleigenschaften (z. B. „nicht-gerade", „nicht-primzahlig" usw.). Und da „non A_n" ebenfalls ein Wortausdruck ist wie die anderen Zahlprädikate, muß es nach Voraussetzung selbst in der lexikografischen Reihenfolge der Zahlprädikate vorkommen. Wenn wir annehmen, daß „non A_n" lexikografisch an i-ter Stelle steht, so heißt das, daß es selbst das Zahlprädikat A_i ist. Wir haben damit die folgende Definition für A_i:

(4) $$\bigwedge_n A_i(n) \longleftrightarrow \mathrm{non} A_n(n),$$

in Worten, für alle n gilt: einer Zahl n kommt das Zahlprädikat A_i genau dann zu, wenn ihr das Zahlprädikat A_n *nicht* zukommt. — Wir fragen jetzt: was gilt insbesondere für die Zahl i selbst? Kommt ihr das Zahlprädikat A_i zu oder nicht zu? Nach dem Satz vom ausgeschlossenen Dritten kann nur eine der beiden Möglichkeiten realisiert sein. Setzen wir aber für die Zahlvariable n in der Definitionsgleichung (4) die fragliche Zahlkonstante i ein, so treten überraschend *beide* Möglichkeiten zugleich auf:

(5) $$A_i(i) \longleftrightarrow \mathrm{non} A_i(i),$$

mit anderen Worten, $A_i(i)$ und dessen *Negation* non $A_i(i)$ sollen *äquivalent*, d. h. *zugleich* wahr (oder auch falsch) sein. Das Auftreten dieser Kontradiktion zeigt indessen, daß der Zahl i das Zahlprädikat A_i *weder* zukommen *noch* nicht zukommen kann — ein paradoxes Ergebnis.

G 12   Wie kommt es zu dieser Paradoxie? Definitionsgemäß wird durch A_i das Prädikat „Nichtzukommen des Zählprädikats A_n" bezeichnet. A_i bezeichnet insofern gar kein, wie zunächst unterstellt worden war, normales Zahlprädikat — „normal" im Sinne der A_n —, sondern ein Prädikat, das *über* ein Zahlprädikat *aussagt*. Hinsichtlich des „Zukommens" sind dementsprechend *zwei Hinsichten* sauber zu unterscheiden:

„Mathematischer Sachverhalt": Das Zahlprädikat A_n kommt der Zahl n *nicht* zu: non $A_n(n)$.
„Sprachlicher Sachverhalt": Das Prädikat non A_n, das durch A_i bezeichnet wird, kommt der Zahl n *zu*: $A_i(n)$.

Durch die Definitionsgleichung (4) werden nun aber beide Hinsichten in Beziehung gesetzt, das *Nicht*zukommen des Zahlprädikats A_n („mathematisch") wird dem *Zu*kommen des durch A_i bezeichneten Prädikats („sprachlich") gleichgesetzt. Beide Hinsichten sind zunächst noch durch den Unterschied der Bezugsgrößen n bzw. i auseinandergehalten. Aber in der Einsetzungsoperation (i für die Zahlvariable n) findet eine Identifizierung dieser Größen und damit auch der Hinsichten statt. „*Nicht*-zukommen" (mathematisch) und „*Zu*kommen" (sprachlich) scheint nun in *derselben* Hinsicht zu gelten. — Wir werden später (Kapitel P) ausführlicher auf das Antinomienproblem eingehen und den zugrundeliegenden Mechanismus genauer untersuchen (vgl. insbesondere P 9). Im Augenblick ist vor allem dieses wichtig: Voraussetzung für das Auftreten der Paradoxie ist die *Zweiheit* der Hinsichten („mathematisch" und „sprachlich"). Diese aber beruht darauf, daß das formale System nicht nur immanent funktioniert, sondern sozusagen auch „*von außen*" überblickt und „*metatheoretisch*" beurteilt werden kann. Zu den systemeigenen Formeln kommen „von außen" weitere hinzu, die das Bestehen oder Nichtbestehen sprachlicher Sachverhalte metatheoretisch konstatieren, und zwar — dies wird zum Stein des Anstoßes — *mit den Ausdrucksmitteln des Systems selbst*. (Ein entsprechender Reichtum an Ausdrucksmitteln ist hierbei vorausgesetzt). Beide Hinsichten aber — systemimmanente und von außen konstatierte metatheoretische Sachverhalte — können nach dem Prinzip der *formalen* Methode nur von ihrer *Form* her faßbar werden. Sie sind dadurch in *eine* Ebene gebracht worden. Und auf dieser Ebene formaler Gleichartigkeit ist nun die Voraussetzung gegeben, daß die Unterscheidung der Hinsichten verlorengeht bzw. sich nur noch als Kontradiktion äußern kann. Mathematische und sprachliche Hinsicht können nicht mehr unterschieden werden, so daß eine mathematisch *nicht* bestehende Zuordnung in ihrer sprachlichen Formulierung indirekt *doch* als Zuordnung erscheint. — Dasselbe — hier kehren wir zum Ausgangspunkt unserer Überlegungen zurück — gilt analog für ein „arithmetisiertes" System, das Syntax- und Objektsprache gleichermaßen auf die Ebene der Arithmetisierung bringt und sie dadurch zu einer einzigen Sprache verschmilzt, in der das „Sprechen-über" in bestimmten pathologischen Fällen mit dem Objekt dieses „Sprechens-über" zusammenfällt. Hinsichten, die zunächst different sind, können dann formal nicht mehr unterschieden werden und ergeben so einen Satz, der „unentscheidbar", d. h. weder beweisbar noch widerlegbar ist.

G 13 Was heißt nun, ein vorgegebener syntaktischer Zusammenhang kann „von außen" beurteilt werden, etwa durch Prädikate wie „bezeichnet", „definiert", „erfüllt eine Formel", „ist wahr", „ist logisch wahr" usw.? Es heißt, pauschal formuliert, daß „im Funktionieren" von Syntax Sachverhalte realisiert werden, die dem fest programmierten Automatismus des syntaktischen Regelsystems vorausliegen, ihn überhaupt erst ermöglichen, seinem Zugriff aber *entzogen bleiben*. Solche *„Außenaspekte"* der Syntax müssen offenbar *im Umgang* mit ihr entstehen. Und sie müssen zugleich *innerhalb* des Systems auftauchen, wenn der, der Syntax anwendet, das System „metatheoretisch" überblickt und das Resultat dieses Überblickens mit den Mitteln eben dieser Syntax selbst ausdrückt und dadurch dem vollprogrammierten Automatismus eine neue, zwar syntaktisch nicht verbotene, aber gleichwohl nicht vorprogrammierte Aussage neu hinzufügt. Diese neu auftretenden Außenaspekte sind somit die Spuren jener außersprachlichen *Praxis,* die nach Intention der „Logischen Syntax der Sprache" gerade ausgeschaltet werden sollte (vgl. G 2). Daß sich diese Praxis aber tatsächlich nicht eliminieren läßt, wird durch das Auftreten von Antinomien bzw. unentscheidbaren Sätzen nur besonders drastisch sichtbar. Eine kritische Untersuchung der Bedingungen, die es ermöglichen, daß Sprache die ihr zugedachte intersubjektive, d. h. kommunikative Funktion überhaupt erfüllen kann, muß dagegen konstatieren, daß Sprache nie rein formal, d. h. ohne jeden Bezug auf außersprachlichen Umgang, funktionieren kann. Sprache ist immer Sprache eines Absenders, gerichtet an einen Adressaten und bezogen auf die kommunikative Situation beider — womit hier abkürzend jenes Medium von praktischem Wirklichkeitsverständnis, unausdrücklichem Einverständnis und ausdrücklicher Vereinbarung bezeichnet sein soll, in das ein Sprachsystem stets eingelassen ist, wenn es funktioniert.

G 14 Carnap selbst betont immerhin das „konventionelle Moment im Aufbau einer Sprache" (139). „This I called the ‚principle of tolerance': it might perhaps be called more exactly the ‚principle of the conventionality of language forms' " (Carnap AUTOBIO 55). Die gesamte Syntax beruht wesentlich auf Festsetzung und Vereinbarung. Die Sprachzeichen, Formregeln und Umformungsregeln müssen ja verbindlich eingeführt werden. Z. B. muß gesagt werden, daß „∧" das Zeichen für die Konjunktion „und" ist, und es muß schon verstanden sein, was damit gemeint ist. Die Konvention oder Vereinbarung enthält so eine Absicht, die immer schon verstanden, immer schon interpretiert sein muß, um verbindlich zu sein. In seinen späteren autobiografischen Bemerkungen zur „Logischen Syntax der Sprache" hat Carnap dies akzeptiert: „The necessity of this presupposition of a common interpreted metalanguage seems to me obvious" (Carnap AUTOBIO 929). Aber was hier harmlos eingeräumt wird, hat freilich entscheidende Konsequenzen für Ansatz und Durchführbarkeit einer „logischen Syntax" selbst. *Konvention* ist offenbar nicht mehr formal begründbar, indem Formalität selbst erst *durch* Konvention begründet ist. Anders gesagt, die Einführung einer Syntax kann wesentlich nicht von einer formalisierten Sprache her, sondern nur von einer schon interpretierten „Umgangssprache" her erfolgen. Das Formale, so Kambartel, *scheine* nur, sich „selbst zu erläutern". Das sei der auch bei Carnap „immer wieder durchscheinende Irrtum Hilberts". Tatsächlich aber ist das Formale getragen durch „inhaltliche Bestände, die aller formalen Strukturtheorie und Syntax als Realität und legitimierendes Anwendungsergebnis zugrunde liegen, selbst nicht in formale Deskriptionen auflösbar sind, jedoch mit den Mitteln der natürlichen Sprache vernünftig diskutierbar bleiben". „Auch das Formale bleibt so ein Phänomen der Deutung" (Kambartel ERFAHRUNG 192, 196, 197).

G 15 Carnap kann sich hierin täuschen, weil die von ihm verwendete Syntaxsprache letztlich *gar keine rein formale Sprache* ist: „Als Syntaxsprache verwenden wir zunächst einfach die deutsche Sprache, wobei wir einige Frakturzeichen zu Hilfe nehmen" (4). Diese deutsche Sprache ist eben die Umgangssprache und als solche nicht formal, d. h. sie steht nicht isoliert für sich, ohne Bezug zu Außersprachlichem, sondern ist verwoben in außersprachlichen „Umgang". Dieser *Hinblick auf Praxis* ist es, der sie einer rein formalen Sprache überlegen macht. Wohl kann ein formales System Strukturzusammenhänge darstellen. Was aber definitionsgemäß hierbei fehlt, ist die handlungsbezogene Interpretation dieser Darstellung, d. h. die Zuordnung von Sprache und Praxis. „*Praxis*" ist hier durchaus in einem umfassenden Sinne zu verstehen, nicht mehr eingeschränkt auf den Sonderfall der sprachbildenden und der kommunikativen Praxis wie im vorigen Abschnitt. Betrachten wir z. B. das umgangssprachliche Prädikat „rot". Dieses kann durch die strukturelle Kennzeichnung „Licht von der Wellenlänge x" ersetzt werden. Auch die hierin noch enthaltenen umgangssprachlichen Ausdrücke „Licht" und „Wellenlänge" können wieder strukturell gekennzeichnet werden, usw. Aber an irgendeinem Punkt muß dieses Verfahren abbrechen und eine Beziehung zur experimentellen Praxis hergestellt werden. Mindestens die sog. „Grundbegriffe" der Physik (Länge, Zeit usw.) sind nicht formal, d. h. ohne Praxisbezug gebbar. Die experimentelle Realisierung der Begriffe gehört hier wesentlich dazu. Aus diesem Grunde ist auch mit der Übersetzung „quasisyntaktischer" Sätze in echt syntaktische Sätze (vgl. G 5) wenig gedient. Beim Übergang von der „inhaltlichen Redeweise": „Die Rose ist ein Ding" zur „formalen Redeweise": „Das Wort ‚Rose' ist eine Dingbezeichnung" bleibt gleichwohl ungeklärt, was das denn ist, das hier mittels Dingbezeichnung bezeichnet sein soll. (Das Beispiel stammt aus Carnaps WISSENSCHAFTSLOGIK 13). Daß „Ding" etwas ist, das z. B. angefaßt, besessen werden kann usw., und ferner, was das ist: „anfassen", „besitzen", — das weiß man nicht aus der Syntax, sondern allein aus dem praktischen Umgang mit Dingen.

G 16 Daß ferner beim Aufbau einer Wissenschaftssprache bestimmte Gesichtspunkte eine *ausgezeichnete* Rolle spielen, ist ebenfalls nicht innersyntaktisch, sondern durch den Hinblick auf Praxis motiviert. So weist Carnap darauf hin, daß das Regelsystem einer Wissenschaftssprache, z. B. der Physik, nicht willkürlich, sondern „empirisch nachprüfbar", „fruchtbar", „zweckmäßig", „einfach" usw. sein müsse (§ 82, 86). Es ist klar, daß auch diese Prädikate syntaktisch, d. h. strukturell charakterisierbar sind. „Empirisch nachprüfbar" z. B. kann durch raumzeitliche Bestimmungen ausgedrückt werden, etwa: „Am Ort x_1 ist zur Zeit t_1 ein Ereignis E beobachtbar". — Das Prädikat „einfach" könnte durch Extremalbedingungen definiert werden. Eine Theorie etwa kann einfach genannt werden, wenn sie mit einer möglichst geringen Zahl von Axiomen und empirischen Konstanten auskommt. Derartige strukturelle Kennzeichnungen sind jederzeit möglich. Was aber daraus nicht hervorgeht, ist, inwiefern gerade diese Bestimmungen („empirisch nachprüfbar", „einfach" usw.) für die Wissenschaft *ausgezeichnet*, d. h. Leitlinien der wissenschaftlichen Methode sind, und warum die Methode solcher Leitlinien bedarf, warum also „die Wissenschaften Tatsachen erst dann richtig feststellen können, wenn sie zuvor wissen, wonach — d. h. im Lichte welcher Worte — sie überhaupt zu fragen haben", wie K. O. Apel formuliert (SPRACHE 170). Das sind offensichtlich Fragen, die nicht durch syntaktische Kennzeichnungen, sondern nur im Hinblick auf den Praxisbezug der Wissenschaft zu klären sind.

G 17   Wir fassen zusammen. Carnap will die Intersubjektivität der Wissenschaft durch Rückgang auf die rein sprachliche Komponente der Wissenschaft sichern. Intersubjektiv ist Sprache, insofern sie einem intersubjektiv verbindlichen Regelsystem entspricht. Das vollständige System dieser Regeln oder die „logische Syntax" der Wissenschaftssprache ermöglicht somit eine Entscheidung über den intersubjektiven, d. h. wissenschaftlichen Gehalt eines Ausdrucks. Carnap nennt diese rein syntaktische Analyse der Sprache „formal" und erhebt Formalität in diesem Sinne zum Kriterium für Wissenschaftlichkeit. Hier entsteht aber die Frage, ob die Syntax selbst formal, d. h. ob sie auch noch auf sich selbst anwendbar ist. Andernfalls wäre ja ein bestimmter Bereich der Sprache, eben die Syntax selbst, der formalen Analyse und damit der wissenschaftlichen Methode entzogen. Die Frage ist also: untersteht die Syntax, als die Basis wissenschaftlicher Kontrolle, ihrerseits auch noch der wissenschaftlichen Kontrolle? Carnap bejaht diese Frage zunächst, indem er nachzuweisen versucht, daß die Metatheorie einer formalen Sprache vollständig dieser Sprache selbst angehören kann. Die Untersuchungen von Gödel und Tarski haben das widerlegt. Gödel hat gezeigt, daß sich in einer Sprache, die nur in *einer* Ebene operiert, unentscheidbare Sätze bilden lassen. Tarski hat nachgewiesen, daß die Unterscheidung von „Sprachstufen" für formale Systeme unumgänglich ist — wir werden darauf noch zurückkommen. Für den hier untersuchten syntaktischen Ansatz bedeutet das nun, daß die Syntax einer Sprache — genauer einer formalen Sprache, deren Regelsystem vermeintlich ohne Bezug auf Außersprachliches funktioniert — nicht mehr uneingeschränkt auf sich selbst anwendbar ist. Sie ist dadurch unvollständig in dem Sinne, daß sie zwar ein Sprachsystem (die „Objektsprache") festlegt, selbst aber über dieses Festgelegte in bestimmten Punkten hinausgeht, nicht auf einer Ebene mit ihm steht. Dem Zugriff der Syntax entgeht so gerade das, was diesen Zugriff ermöglicht, sie selbst, Syntax als die zeichen- und regelsetzende *Praxis*. Die formale Syntax kann sich nicht ohne Einschränkung selbst formulieren, das kann vielmehr nur in einer schon interpretierten Sprache, die den Hinblick auf Sprachpraxis, sprachlichen „Umgang", in sich aufgenommen hat, geschehen, in der „Umgangssprache" (vgl. später Kap. O). Aber nicht **nur** der Hinblick auf die durch sie selbst vollzogene, *sprachbildende* Praxis entgeht der „logischen Syntax", sondern ihrer Voraussetzung nach der Hinblick auf Praxis überhaupt. Das *außersprachliche* Verhalten — Handlungsbezug, experimentelle Methode und Verifikation — sollte durch den Rückgang auf Sprache ja gerade ausgeklammert werden. Eine solche Syntax, die nur Wirklichkeitsstruktur, aber nicht auch das Handeln in ihr repräsentiert, kann also gar nicht vollständig sein. Erst eine Syntax, die die Beschränkung auf sich selbst aufgäbe, ihre Abhängigkeit von der Umgangssprache anerkennen und den Hinblick auf außersprachlichen Umgang in sich aufnehmen würde, (d. h. selbst noch sprachlich werden ließe, vgl. Kapitel O), könnte ihre eigentliche Intention erfüllen: Wirklichkeit *sprachlich* zu repräsentieren. Paradox formuliert: die von der Syntax intendierte Beschränkung auf *Sprache* ist erst dann gelungen, wenn die *Beschränkung* auf Sprache aufgehoben, wenn das Formale als das „rein" Sprachliche durch den Hinblick auf Praxis vervollständigt, d. h. „bedeutungshaltig" geworden ist, wenn die Syntax zur *Semantik* erweitert worden ist.

H   Carnap, „Testability and Meaning" (1936/37)

H 1   Ein wichtiger Zwischenschritt beim Übergang von der Syntax zur Semantik ist Carnaps Aufsatz „Testability and Meaning", der 1936/ 37 in der Zeitschrift „Philosophy of Science" in englischer Sprache erschienen ist. (Hiernach wird jetzt zitiert). Wir wollen kurz auf diese Veröffentlichung eingehen, um die Wandlung gegenüber dem syntaktischen Ansatz sichtbar zu machen. — Die hier thematisierten Fragen stehen in Zusammenhang mit dem Problem des sogenannten „empiristischen Sinnkriteriums", das in vielen Abhandlungen zum Logischen Positivismus immer wieder dargestellt und diskutiert worden ist. In der vorliegenden Arbeit soll darauf verzichtet werden, einmal weil es hier darum geht, die durchgängige Entwicklungslinie im Werk Rudolf Carnaps zu verfolgen, zum anderen weil eine weiter ausholende Sondererörterung diese Untersuchung unnötig unterbrechen würde. Wir verweisen stattdessen auf die sehr klaren Darstellungen von Hempel (CRITERION) und Stegmüller (GEGENWARTSPHILOSOPHIE 402—411).

H 2   Mit dem Hinblick auf Praxis wird das Verifikationsproblem, das durch den syntaktischen Ansatz hatte eliminiert werden sollen, erneut relevant. Damit erscheint auch das Problem des Bedeutungsgehalts von Ausdrücken nun unter einem *verifikatorischen*, nicht mehr nur syntaktischen Aspekt. TESTABILITY beginnt mit den folgenden Sätzen: „Two chief problems of the theory of knowledge are the question of meaning and the question of verification. ... The second question presupposes the first one. Obviously we must understand a sentence, i. e. we must know its meaning, before we can try to find out whether it is true or not" (420). Das Neue gegenüber dem syntaktischen Ansatz liegt darin, daß jetzt ein enger Zusammenhang zwischen der Bedeutung und der Wahrheit bzw. Verifikation eines Satzes konstatiert wird. In SYNTAX hatte Carnap den Wahrheitsbegriff noch zurückgewiesen: „ ‚Wahr' und ‚falsch' sind keine echten syntaktischen Begriffe. Aus den Formeigenschaften eines Satzes ist ja im allgemeinen nicht zu ersehen, ob er wahr oder falsch ist" (SYNTAX 164, teilweise gesperrt). „Wahr" und „falsch" waren deshalb nur in einem syntaktisch eingeschränkten Sinne, d. h. als „beweisbar" bzw. „widerlegbar", interpretiert worden. In TESTABILITY räumt Carnap dagegen ein, daß „wahr" und „falsch" eine wesentlich außersyntaktische Dimension besitzen, daß ferner die „Bedeutung" eines Satzes nicht ohne Bezug auf seine Bewahrheitung bestimmt werden kann und dadurch selbst eine außersyntaktische Dimension gewinnt. In diesem Sinne konzediert Carnap „a still closer connection between the two problems ((der Bedeutung und der Verifikation)). In a certain sense, there is only one answer to the two questions. If we knew what it would be for a given sentence to be found true then we would know what its meaning is. ... Thus the meaning of a sentence has meaning only if such a determination is possible" (420).

H 3   Was Carnap hier sagt, ist deutlich jener These verpflichtet, die Wittgenstein in Gesprächen mit dem „Wiener Kreis" formuliert und populär gemacht hat: „Der Sinn eines Satzes ist die Methode seiner Verifikation. Diese ist nicht das Mittel, um die Wahrheit eines Satzes festzustellen, sondern der Sinn selbst" (Wittgenstein GESPRÄCHE 227). Damit ist gesagt, daß der Sinn eines Satzes erst dann als bekannt gelten kann, wenn ein Verfahren zur Verfügung steht, mit dem über die Wahrheit des Satzes entschieden werden kann. Verstanden habe ich den Sinn eines Satzes also dann, wenn ich weiß, was ich zu *tun* hätte, um seine Wahrheit zu erweisen. Diese These ist selbst nicht unproblematisch. Immerhin dokumentiert sie die Abkehr von dem früheren, rein syntaktischen Ansatz. „Wahr" meint hier nicht mehr nur die formal-syntaktische Beweisbarkeit, sondern ebenso die empirische Geltung eines Satzes. Und dieses „Tun", durch das die Wahrheit eines Satzes zu erweisen ist, braucht also keine sprachliche Operation mehr zu sein, sondern kann ebenso ein Erlebnisvollzug, eine Handlung, ein Experiment sein. Der Sinn oder die Bedeutung eines sprachlichen Ausdrucks ist hierdurch nicht mehr ausschließlich an Sprache, sondern ebenso an außersprachliche Praxis zurückgebunden.

H 4 In TESTABILITY versucht Carnap allerdings noch, diesen Praxisbezug zu „reduzieren". (Das führt u. a. zu einer Liberalisierung der strengen Verifikationsforderung, die jetzt nur noch abgeschwächt im Sinne von Bestätigungsfähigkeit („confirmation instead of verification", 425) und Prüfbarkeit („testability") aufrecht erhalten wird. Wir wollen auf diese für uns mehr sekundären Differenzierungen nicht näher eingehen, sondern gleich das Grundsätzliche der Reduktionsmethode ins Auge fassen). Carnap ergänzt die Syntax jetzt zwar durch den Praxisaspekt, vorerst aber noch in reduzierter Form: Durch sog. „Reduktionssätze" sollen die Prädikate der Wissenschaftssprache reduziert werden auf Prädikate, die eine experimentelle Situation beschreiben. — Die technische Formulierung der Reduktionssätze verwendet die aus der Aussagenlogik bekannte (sog. „materiale") Implikation $A \rightarrow B$, die dem umgangssprachlichen „wenn A, dann B" in etwa entspricht (vgl. auch die in I 15 angegebene Definition über die Wahrheitswerte der Teilsätze A und B). — Wir nehmen nun an, daß eine experimentelle Anordnung durch die Sätze E_1 und E_2 beschrieben wird. Die Sätze R_1, R_2 mögen die Resultate dieser Experimente beschreiben. Mit diesen Sätzen E und R und mit Hilfe der Implikation (sowie der Negation „$\neg$") kann jetzt ein neuer Satz X eingeführt werden durch den Ausdruck (441):

$$E_1 \rightarrow (R_1 \rightarrow X)$$
$$E_2 \rightarrow (R_2 \rightarrow \neg X).$$

In Worten: wenn ein Experiment E_1 zu einem Resultat R_1 führt, so gilt X, bzw. wenn ein Experiment E_2 zu einem Resultat R_2 führt, so gilt nicht X. Sätze dieser Form nennt Carnap „Reduktionssätze", sofern gesichert ist, daß E und R zugleich erfüllbar, d. h. die Konjunktionen $E_1 \wedge R_1$, $E_2 \wedge R_2$ gültig sind. Mit Hilfe eines solchen „Reduktions-

paars", wie Carnap das angegebene Satzpaar auch nennt, wird der mit X bezeichnete Sachverhalt durch eine experimentelle Situation (Experiment E und Resultat R) charakterisiert. X wird sozusagen zurückgeführt, „reduziert", auf die experimentelle Situation. Auf diese Weise soll nach Carnap der Praxisbezug der gesamten Wissenschaftssprache auf einige wenige experimentorientierte Prädikate reduzierbar sein. Diese Prädikate wären dann die *Basis*, durch die das im übrigen formal aufgebaute Sprachsystem mit dem Handeln in der Wirklichkeit verbunden ist.

H 5 Carnap versucht also, das Problem des Praxisbezugs durch *Reduktion* des Praxisbezugs, Zurückführung auf eine möglichst schmale experimentelle Basis, zu lösen. Damit entsteht die Frage, wie weit diese Reduktion maximal gehen kann oder, anders gefragt, wie eine für diesen Zweck *hinreichende Basis* beschaffen sein muß. Vom physikalistischen Ansatz her (vgl. F 10) ist für Carnap zunächst klar, „that the class of the observable predicates is a sufficient reduction basis of L" (469). Hierbei ist „L" die physikalische Sprache, und „observable predicates" sind Prädikate für beobachtbare Größen. Die Klasse dieser Prädikate ist nach Carnap eine hinreichende Reduktionsbasis für die physikalische Sprache, im Sinne der Physikalismusthese also auch für die gesamte Wissenschaftssprache. — Mit dem Ziel einer möglichst weitgehenden Reduktion fragt Carnap nun, ob eine weitere Einschränkung der Basis möglich sei. Diese Frage wird bejaht: „The visual sense is the most important sense; and we can easily see that it is sufficient for the confirmation of any physical property. A deaf man for instance is able to determine pitch, intensity and timbre of a physical sound with the help of suitable instruments; a man without the sense of smell can determine the olfactory properties of a gas by chemical analysis; etc. That all physical functions (temperature, electric field etc.) can be determined by the visual sense alone is obvious" (469).

H 6 Carnap versucht, die hier auf optische Qualitäten reduzierte Basis noch weiter einzuschränken, „the basis can be restricted still more" (469): Durch Verwendung geeigneter Apparaturen und Anzeigegeräte sei es stets möglich, ein optisches Bild lediglich durch Hell-Dunkel-Angaben zu beschreiben. Heute würde man sagen, eine optische (oder andere Information) kann „dual" kodiert werden. Ein solcher Kode verwendet nur ein einziges Zeichen, z. B. „hell" (bzw. „nicht-hell"). „Hence the one predicate ‚bright' is a sufficient basis of L" (470). Carnap glaubt also, daß ein einziges empirisches Prädikat („hell", „fest" o. ä.) zur Einführung aller übrigen Prädikate einer Wissenschaftssprache genügt. Dieses Grundprädikat wäre dann der Punkt, wo die formale Sprachstruktur an die wirkliche Praxis angekoppelt ist. Man brauchte lediglich zu wissen, was „hell" (bzw. „fest") bedeutet, d. h. unter welchen Bedingungen dieses Prädikat realisiert ist, um den gesamten Formalismus der Wissenschaft zu verstehen, der auf dieser Basis aufgebaut sein soll. „Verstehen" hier in dem Sinne, daß die operationale Realisierung der wissenschaftlichen Begriffe bekannt ist.

H 7 Über die Leistung dieser „Reduktion" täuscht Carnap sich nun freilich. Zwar soll nicht bestritten werden, daß vielleicht alle Prädikate im angegebenen Sinne auf das eine Prädikat „hell" (bzw. „fest") „reduziert" werden könnten. Aber damit wäre jedenfalls die *Verschiedenheit* der Prädikate in keiner Weise aufgehoben, denn: Die Reduktion ist als eine Art *Übersetzung* anzusehen, eine Umkodierung von Wahrnehmungen sozusagen, die durch geeignete Apparaturen bewerkstelligt wird. Ein Instrument dient z. B. zur Ortsbestimmung eines Körpers, ein anderes mißt seine Geschwindigkeit, ein anderes seine Temperatur usw. Dabei *können* die Meßergebnisse natürlich stets durch eine Lichtanzeige, z. B. durch Lämpchen, die „hell" oder „nicht-hell" sind, mitgeteilt werden. Insofern genügt tatsächlich ein einziges Zeichen zur Mitteilung einer komplexen Information. Aber: für die verschiedenen Situationen der Praxis sind auch viele verschiedene Instrumente nötig, und entsprechend bedeutet „hell" *jedesmal etwas anderes.* Was es bedeutet, weiß ich erst, wenn ich das betreffende Instrument kenne und weiß, welche Messungen es ausführt. Das aber heißt, die Beschränkung auf das eine Zeichen „hell" bedeutet tatsächlich gar keine *Reduktion* des Praxisbezugs, sondern ist lediglich eine (willkürliche) *Normierung* der Darstellungsmittel. Wieder drängt sich der Vergleich mit einem „Dualkode" auf, der die Vielheit möglicher Signale drastisch normiert. Das Zeichenrepertoire eines Dualsystems enthält nur das eine Zeichen „1" (und dessen Negation „nicht 1" oder „0"). Sämtliche Ausdrücke des Dualsystems werden hieraus durch Aneinanderreihung, z. B. 1101, gebildet. Einen solchen auf „1" (und „0") reduzierten Ausdruck verstehe ich aber noch nicht, wenn ich nur weiß, daß der Zeichenvorrat des Systems lediglich aus „1" (und „0") besteht. Ich muß vielmehr auch den „Stellenwert" der Zeichen deuten können.

H 8   Hinzu kommt, daß dieser in TESTABILITY gewiesene Weg zu den Fakten, der über die Physik geht, ein Umweg und eine Entfremdung der Praxis ist: Praxis wird reduziert auf den Umgang mit Instrumenten, die diese in eine Helligkeitsanzeige übersetzen. Das setzt einmal voraus, daß ein vollständiges System von Instrumenten und der Physik überhaupt (471) schon vorgegeben ist, um die Alltagspraxis vollständig „übersetzen" zu können. Zugleich wäre dies aber auch nur die *übersetzte* Alltagspraxis, nicht diese selbst. Und aus diesem Grunde *kann* die Übersetzung nicht „vollständig" sein: Das, *was* sie übersetzt, ist von der Übersetzung, insofern sie *Übersetzung* ist, notwendig *verschieden*. Gerade diese Verschiedenheit kann *in* der Übersetzung nicht faßbar werden, was offensichtlich daran liegt, daß hier wieder eine Art Gödelscher Unvollständigkeit auftritt. Die Übersetzung kann den Unterschied von Alltagspraxis und deren instrumenteller Übersetzung, den *wir* „von außen" konstatieren, selbst nicht mitübersetzen. Denn für sie selbst existiert er ja nicht. D. h. gerade *durch* die Übersetzung entsteht ein neuer Aspekt, der aber eben darum auch nicht *in* ihr mitübersetzt werden kann, jedenfalls nicht auf der Grundlage der von *Carnap* als „hinreichend" charakterisierten Übersetzungsbasis.

H 9   Wir fassen zusammen. Bereits in der Analyse von Carnaps SYN-TAX war deutlich geworden, daß die Intention des syntaktischen Ansatzes, die Wirklichkeit rein sprachlich (formal) zu fassen, scheitern muß, falls die Syntax nicht durch den Hinblick auf Praxis erweitert wird (vgl. G 17). Diese Erweiterung geschieht in TESTABILITY noch zögernd. Carnap strebt zunächst vor allem eine *Reduktion* des Praxisbezuges an. Was er tatsächlich erreicht, ist nicht Reduktion, sondern *Normierung* desselben. Für das zugrundeliegende Problem des Praxisbezugs selbst ist hiermit nichts gewonnen. Wesentlich ist vielmehr, daß der Praxisaspekt überhaupt berücksichtigt ist, d. h. daß jetzt auch über „Fakten", handlungsbezogene Sachverhalte, gesprochen werden kann, nicht nur über Ausdrücke. Damit ist der nächste Schritt bereits vorgezeichnet: „It cannot be inadmissable to do both in the same metalanguage. In this way it becomes possible to speak about the relations between language and facts" (Carnap AUTOBIO 60). Dieses

Problem, so Carnap in einer Anmerkung zu TESTABILITY, „belongs
to the field which Tarski (WAHRHEITSBEGRIFF) calls *semantic;* this
is the theory of the relations between the expression of a
language and things, properties, facts etc. described in the language"
(2). Damit ist eine Ergänzung, eine „supplementation of syntax by semantics" gefordert (Carnap AUTOBIO 60). Das System der syntaktischen Beziehungen von Ausdrücken untereinander muß erweitert werden zu einem System, das darüber hinaus auch die Beziehungen von Ausdrücken und Fakten enthält.

I   Carnap, „Introduction to Semantics" (1942)

I 1   Carnap entwickelt die neue Position im wesentlichen in den Jahren 1936—1947. In der Reihe der nach TESTABILITY erschienenen
Veröffentlichungen sind vor allem vier Titel wichtig: In „Foundations
of Logic and Mathematics" (1939) wird der semantische Ansatz zunächst
umrissen, in „Introduction to Semantics" (1942) ausführlich entwickelt.
„Formalization of Logic" (1943) behandelt, daran anknüpfend, speziellere Fragen, insbesondere solche einer Kalkülisierung der Semantik.
„Meaning and Necessity" (1947) bringt eine Fortentwicklung des semantischen Ansatzes und führt diese Untersuchungen zu einem gewissen
Abschluß. — Eine eindringende, ausführliche Darstellung und Auslegung
der Carnapschen Semantik und kontroverser Theorien gibt Stegmüller
in seinem Buch „Das Wahrheitsproblem und die Idee der Semantik".
E. Tugendhat hat eine kritische Rezension hierzu verfaßt (siehe Tugendhat TARSKI).

I 2   Wir skizzieren zunächst den Aufbau der Semantik, den Carnap in
„Introduction to Semantics" vorlegt (wenn nicht anders angegeben, wird
nach diesem Werk zitiert): „A *semantical system* may be constructed in
this way: first a *classification of the signs* is given, then *rules of for-
mation* are laid down, then *rules of designation* and finally *rules of
truth*" (24). Carnap unterscheidet hier also vier Arten von Regeln (— weitere Regeln kommen hinzu, wenn das System auch Variablen enthält,
vgl. § 11. Wir brauchen auf diese Differenzierungen hier nicht einzugehen): (1) *Klassifikationsregeln.* Hierdurch werden die Zeichen einge-
teilt, z. B. in Individuenkonstanten, Prädikate, logische Konstanten wie

„und", „oder" usw. (2) *Formationsregeln.* Sie geben an, wie die gegebenen Zeichen zu Zeichenkomplexen oder „Sätzen" kombiniert werden können. Um ein Beispiel aus der Mathematik zu nehmen: dort kann aus den Einzelzeichen „1", „x", „y", „/", „=" der Funktionsausdruck „y = 1/x" zusammengesetzt werden. (3) *Bezeichnungsregeln.* Sie ordnen den objektsprachlichen Einzelzeichen bestimmte Fakten, Eigenschaften, Komplexe usw. zu. Genauer: für derartige „Sachgehalte", wie wir kurz sagen wollen, sind in einer schon vorgegebenen Metasprache Ausdrücke verfügbar, die in einer irgendwie schon verstandenen Weise diese Sachgehalte repräsentieren. Die Bezeichnungsregeln vermitteln den Übergang von den objektsprachlichen Zeichen zu den sachhaltigen metasprachlichen Ausdrücken. Nehmen wir z. B. an, daß die Zeichen „s" und „w" der Objektsprache angehören. Durch eine Bezeichnungsregel können ihnen dann die metasprachlichen Bestimmungen „Schnee" und „weiß" zugeordnet werden, wobei vorausgesetzt ist, daß diese metasprachlichen Ausdrücke bereits praxisbezogen gedeutet sind. (4) *Wahrheitsregeln.* Diese bilden das eigentliche Zentrum eines semantischen Systems und erfordern deshalb eine ausführlichere Erörterung:

I 3   Wahrheitsregeln (oder „Wahrheitsbedingungen") gelten für Sätze der Objektsprache, also für Zeichenkomplexe, die den Formationsregeln gemäß gebildet worden sind. Nehmen wir an, der aus den Zeichen „w" und „s" gebildete Zeichenkomplex „ws" sei ein solcher objektsprachlicher Satz. Wir nehmen ferner an, daß den Zeichen „w" und „s" durch die Bezeichnungsregeln des Systems die metasprachlich repräsentierten Sachgehalte „weiß" und „Schnee" zugeordnet sind (vgl. (3) des vorigen Abschnitts). Dem objektsprachlichen *Zeichen*komplex oder Satz „ws" ist hierdurch in der Metasprache ein Komplex von *Sachgehalten* oder ein „Sachkomplex", wie wir sagen wollen, zugeordnet: „weiß ist der Schnee". — Der Satz, so formuliert bereits Wittgenstein im TRAKTAT, teilt eine „Sachlage" mit, genauer, „im Satz wird gleichsam eine Sachlage probeweise zusammengestellt" (TRAKTAT 4.03, 4.031). In diesem „probeweise" kommt zum Ausdruck, daß der Sachkomplex zunächst rein formal, d. h. nach dem Vorbild eines vorgegebenen Zeichenkomplexes gebildet worden ist. Aber dabei bleibt noch völlig offen, ob dieser Sachkomplex überhaupt *sachlich möglich* ist — kann es so etwas wie „weißen Schnee" geben? Hier greifen die *Wahrheitsregeln* ein. Sie geben an, welche Sachkomplexe sachlich zulässig sind, sie formulieren sozusagen Auswahlregeln für die Kombination von Sachgehalten zu möglichen Sachkomplexen. Zu diesem Zweck fixieren die Wahrheitsregeln Bedingungen, die erfüllt sein müssen, wenn ein Sachkomplex wirklich existieren bzw. der zugeordnete objektsprachliche Satz „wahr" sein soll: Der Satz „ws" ist wahr, *wenn* es (unter Voraussetzung der vereinbarten Bezeichnungsregeln) zutrifft, daß der Schnee weiß ist. Die hypothetische Form der Wahrheitregel drückt aus, daß diese lediglich *Bedingungen* für die Wahrheit eines Satzes formuliert (d. h. Bedingungen für die Existenz des zugeordneten Sachkomplexes). Sie definiert, was ein sachlich legitimer Sachkomplex ist.

I 4 Die Klassifikations- und Formationsregeln sind rein *syntaktischer* Natur. Sie definieren Zeichen bzw. Beziehungen zwischen den Zeichen der Objektsprache. Die Bezeichnungs- und Wahrheitsregeln dagegen ergänzen das syntaktische System zur *Semantik*. Die Bezeichnungsregeln stellen den Bezug zu den metasprachlich repräsentierten Sachgehalten her, die Wahrheitsbedingungen regeln die Verknüpfung von Sachgehalten zu Sachkomplexen und leisten auf metasprachlicher Ebene dasselbe wie die Formationsregeln auf objektsprachlicher Ebene: Die Formationsregeln definieren, was ein legitimer Zeichenkomplex oder *Satz* ist, die Wahrheitsregeln definieren, was ein legitimer Sachkomplex bzw. ein *wahrer* Satz ist. — Natürlich könnten die Formationsregeln so erweitert und präzisiert werden, daß jeder zulässige Zeichenkomplex unmittelbar auch einen zulässigen Sachkomplex ergibt, d. h. jeder bildbare Satz automatisch ein wahrer Satz ist. Dies wäre dann eine Formalisierung oder „Kalkülisierung" der Semantik, Carnap spricht auch von „syntaktischer Spiegelung" der Semantik. Daß diese Möglichkeit, im Prinzip jedenfalls, besteht, ist freilich kein Einwand gegen das Grundpostulat der Semantik, dem zufolge eine *Beziehung* zwischen den formal-syntaktischen Zeichengebilden und praxisbezogenen Sachkomplexen herzustellen ist. Dieser Praxisbezug kann durch erweiterte Formationsregeln zwar automatisiert, aber, wie die Erörterungen der Kapitel G und H gezeigt haben, nicht prinzipiell ausgeschaltet werden. Von einer „syntaktischen Spiegelung" der Semantik zu reden, ist insofern leicht irreführend, weil dadurch die wesentliche Differenz von Syntax und Semantik verschleiert wird.

I 5 Die Wahrheitsregeln, die — in Verbindung mit den Bezeichnungsregeln — den Praxisbezug eines semantischen Systems herstellen, sind

damit die eigentlich semantische Komponente eines semantischen Systems
S: "The definition of ‚true in S' is the real aim of the whole system S;
the other definitions serve as preparatory steps for this one, making its
formulation simpler. On the basis of ‚true in S' other semantical concepts with respect to S can be defined" (24). Ausführlicher: "By a *semantical system* (or interpreted system) we understand a system of rules,
formulated in a metalanguage and referring to an objekt language of
such a kind that the rules determine a *truth-condition* for every sentence
of the object language, i. e. a sufficient and necessary condition for its
truth. In this way the sentences are *interpreted* by the rules, i. e. made
understandable, because to understand a sentence, to know what is
asserted by it, is the same as to know under what conditions it would
be true. To formulate it in still another way: the rules determine the
meaning or *sense* of the sentences" (22), d. h. „die Kenntnis der Wahrheitsbedingungen eines Satzes ist dasselbe wie das Verstehen seines Sin-
nes" (Carnap EINFÜHRUNG 15). In seinem Anhang zu SEMANTICS
bekräftigt Carnap die Unzulänglichkeit des rein syntaktischen Ansatzes: "Hence I no longer believe that ‚a *logic of meaning* is super-
fluous'; I now regard semantics as the fulfilment of the old search for a
logic of meaning, which had not been fulfilled before in any precise and
satisfactory way" (249).

I 6   Die in der Wahrheitsbedingung formulierte *Definition* eines möglichen Sachkomplexes enthält im allgemeinen noch keine Feststellung
über das wirkliche Bestehen desselben, sondern ist lediglich Bedingung
der Möglichkeit für eine solche Feststellung. Die Definition eines Sachkomplexes muß deshalb ergänzt werden durch eine Angabe bezüglich seiner *Existenz*. Das geschieht durch Angabe seines „*Wahrheitswertes*"
(„1" für das Bestehen, „0" für das Nichtbestehen des Sachkomplexes, der
einem bestimmten Satz zugeordnet ist): „To know the truth-condition of
a sentence is (in most cases) much less than to know its truth-value, but it
is the necessary starting-point for finding out its truth-value" (22). Für
einen Satz sind somit drei Ebenen zu unterscheiden:
(1) Der gemäß den syntaktischen Regeln (Formationsregeln) gebildete
    Zeichenkomplex oder *Satz*.
(2) Die semantischen Regeln (Bezeichnungs- und Wahrheitsregeln) de-
    finieren den Sachkomplex, der dem Zeichenkomplex zugeordnet ist:
    die dem Satz entsprechende *Aussagebedeutung* („proposition").

(3) Der *Wahrheitswert* beantwortet die Frage nach der *Existenz* des so definierten Sachkomplexes. — Der Wahrheitswert ist somit „mehr" als die bloße Aussagebedeutung eines Satzes S_1: „We may understand the sentence S_1 although we may not know its truth-value" (22). (Dies in fast wörtlicher Übereinstimmung mit Wittgensteins Formulierung: „Man kann ihn also verstehen, ohne zu wissen, ob er wahr ist" (TRAKTAT 4.024)). Dem Wahrheitswert kommt somit eine ausgezeichnete Funktion zu. Er repräsentiert das, was die Wirklichkeit dem bloß definitorischen Entwurf voraus hat: wirkliches Bestehen oder Nichtbestehen. Durch den Wahrheitswert überwindet der Satz gleichsam seine definitorische Herkunft und gewinnt Verbindlichkeit und Relevanz (vgl. auch die Erörterungen in F 7).

I 7 Dieser Aspekt wird wichtig für die Verbindung von mehreren Sätzen: Es erscheint naheliegend, daß die Relevanz eines zusammengesetzten Satzes von der Relevanz der Einzelsätze abhängt. Kompetent für die Relevanz eines Satzes ist nach I 6 aber sein Wahrheitswert. Deshalb wird der Wahrheitswert eines *zusammengesetzten* Satzes als eindeutige Funktion der Wahrheitswerte seiner Teilsätze bestimmt, Wittgenstein nennt das eine „*Wahrheitsfunktion*": „Die Wahrheitsmöglichkeiten der Elementarsätze sind die Bedingungen der Wahrheit und Falschheit der ((zusammengesetzten)) Sätze". Das heißt, „der ((zusammengesetzte)) Satz ist eine Wahrheitsfunktion der Elementarsätze" (TRAKTAT 4.41, 5). — Hierauf beruht das Verfahren, die Wahrheitsbedingungen für zusammengesetzte Sätze, z. B. für die „Disjunktion" p ∨ q, mit Hilfe der möglichen Wahrheitswertkombinationen für die Einzelsätze p, q, zu formulieren, vgl. die angegebene Tabelle, kurz „Wahrheitstafel" genannt. Jede Zeile der Tabelle repräsentiert eine mögliche Wahrheitswertkombination der Sätze p, q, sowie den definitorisch zugeordneten Wahrheitswert der Disjunktion p ∨ q. Die Tabelle enthält also die Wahrheitsregeln für p ∨ q und hat deshalb semantischen Charakter: „The customary truth-tables are semantical truth-rules in the form of diagrams" (30). — Satzverbindungen, die in dieser Weise als Wahrheitsfunktionen aufgebaut sind, sind „*extensionale*" Gebilde: Für einen Teilsatz einer solchen Satzverbindung kann ein beliebiger anderer Teilsatz, sofern er nur denselben Wahrheitswert hat, eingesetzt werden, *ohne daß*

p	q	p ∨ q
0	0	0
0	1	1
1	0	1
1	1	1

sich der Wahrheitswert der Satzverbindung dadurch ändert (43). Das ist klar, denn der Wahrheitswert der Satzverbindung ist ja (mittels Wahrheitstafel) als Funktion der *Wahrheitswerte* und nicht etwa der Bedeutungen seiner Teilsätze bestimmt. Diese extensionale Zusammensetzbarkeit von Wahrheitswerten wird auch als „logischer Atomismus" bezeichnet.

I 8   Bisher ist lediglich der *Unterschied* zwischen Wahrheitsbedingung und Wahrheitswert betont worden. Jetzt ist näher zu klären, in welcher *Beziehung* die beiden Bestimmungen zueinander stehen. Hierbei sind zwei Fälle zu unterscheiden:
(a) Die Wahrheitsbedingungen eines Satzes definieren einen Sachkomplex, lassen aber die Frage seiner Existenz unbeantwortet. In diesem Fall bedürfen die Wahrheitsregeln einer Ergänzung durch Angabe des Wahrheitswerts. Dieser ist empirisch gegeben, d. h. er kann durch Rückgang auf die faktische Wirklichkeit festgestellt werden. Einen solchen Satz nennt Carnap deshalb *faktisch wahr* bzw. *faktisch falsch* („F-wahr" bzw. „F-falsch"). „. . . we shall call these sentences F-determinate (i. e. factually determinate) or simply *factual*. ... In traditional terminology they are called synthetic (in the sense of being neither analytic nor contradictory)" (141).
(b) Die Wahrheitsregeln definieren einen Sachkomplex, nun aber so vollständig, daß die Frage, ob dieser Sachkomplex existiert, zugleich mitbeantwortet ist. Der Wahrheitswert eines solchen Satzes ist „rein logisch" gegeben — „on the basis of merely logical reasons, in contradistinction to factual reasons" (60). „The traditional term for this concept is ,analytic'; we shall use the term ,L-true' " bzw. ,L-false' (61), also *logisch wahr* bzw. *logisch falsch*. Einen derartigen Satz, der entweder L-wahr oder L-falsch ist, nennt Carnap auch „L-determiniert" (70). Mit anderen Worten, L-determiniert ist „a sentence T in a semantical system S if and only if T is true in S in such a way that its truth follows from the semantical rules of S alone without the use of any factual knowledge" (81). — Ein Beispiel für einen L-wahren Satz ist der Ausdruck p ∨ ¬ p, dessen Wahrheitswert allein aus den Wahrheitsregeln für die Funktoren „∨" (Disjunktion) und „¬"(Negation) folgt: In Spalte (α) der umseitig angegebenen Wahrheitstafel stehen die möglichen Wahrheitswerte für p, in Spalte (β) die zugeordneten (d. h. entgegengesetzten) Wahrheitswerte für ¬ p und in Spalte (γ) die Wahrheitswerte der Disjunktion, die den

aus (α) und (β) gebildeten Wahrheitswertkombinationen zugeordnet sind
(vgl. die Wahrheitstafel für die
Disjunktion in I 7): p ∨ ¬ p ist
ersichtlich ein logisch wahrer („L-
wahrer") Satz.

(α)	(β)	(γ)
p	¬ p	p ∨ ¬ p
0	1	1
1	0	1

I 9 Bestimmungen wie „F-wahr" oder „L-wahr" sind von der schlich-
ten Bestimmung „wahr" wohl zu unterscheiden: „Wahr" meint ja lediglich, daß einem durch semantische Regeln definierten Sachkomplex Existenz *überhaupt* zukommt, wobei völlig davon abgesehen wird, ob diese
Existenz logisch determiniert oder faktisch-empirisch gegeben ist. Die
Grundbestimmung „wahr" macht diese Unterscheidung überhaupt noch
nicht und wird von Carnap darum „radikal" genannt (§ 9). „F-wahr"
und „L-wahr" sind dagegen keine radikalen Bestimmungen. Denn sie beziehen sich nicht auf den Wahrheitswert schlechthin, sondern machen
eine Aussage *über das Verhältnis* von Wahrheitswert und Wahrheitsregeln eines Satzes: der Wahrheitswert ist durch die semantischen Regeln
mitgesetzt (L-Wahrheit) bzw. nicht mitgesetzt (F-Wahrheit).

I 10 Hier entsteht eine erste Schwierigkeit. Ein Satz, der *über* die in
der Metasprache M formulierten semantischen Regeln spricht, kann nach
der geläufigen Ordnung der Sprachstufen nicht selbst dieser Metasprache
M angehören, sondern nur der (in dem hier entwickelten System der Semantik gar nicht verfügbaren) übergeordneten Metametasprache MM.
Das gilt insbesondere für die oben formulierte Definition der L-Wahrheit „wahr aufgrund der semantischen Regeln des Systems S":„If we
expand the phrase ‚the truth of ((a sentence)) T follows from the
semantical rules of S', we see that it does not belong to the metalanguage
M, in which the definition of ‚L-true in S' has to be formulated, but to
the metametalanguage MM, i. e. the language in which the rules for M
are formulated" (83). Die Bestimmung „wahr aufgrund der in M formulierten semantischen Regeln" fällt also aus der verwendeten Metasprache M heraus und kann deshalb nicht einfach als Definition für L-
Wahrheit angesetzt werden.

I 11 Carnap versucht, dieser Schwierigkeit durch eine geeignete
Erweiterung der Metasprache M zu entgehen, z. B durch Einführung

„logischer Modalitäten" („notwendig", „möglich" usw.) oder durch Aufspaltung der Metasprache M in getrennte Bereiche M_1, M_2 oder durch die Unterscheidung von „deskriptiven Zeichen" und „logischen Zeichen". Diese Möglichkeiten werden von Carnap allerdings nur angedeutet. Sein eigentliches Interesse gilt einem alternativen Lösungsansatz. Dieser arbeitet mit dem Begriff des „logischen Spielraums", wie er schon von Wittgenstein im TRAKTAT konzipiert worden war und den Carnap hier aufnimmt und in § 18 ausführlich entwickelt. Einen gewissen Abschluß finden diese Versuche erst in dem nächsten großen Werk „Meaning and Necessity" (1947), wo der Begriff des logischen Spielraums zu einem Grundbegriff der Semantik wird. Daß der von Carnap hier eingeschlagene Weg nur konsequent dem skizzierten Grundansatz der Semantik folgt und so die in ihm mitgesetzten Probleme entfaltet, wird die folgende Untersuchung zeigen. —

I 12 Besonders plastisch tritt die hier angelegte Problematik hervor, wenn zunächst versucht wird, die Metasprache M durch *Modalbestimmungen* so zu erweitern, daß sich in ihr Bestimmungen wie „L-wahr" und „F-wahr" definieren lassen: Es zeigt sich, daß eine so erweiterte Metasprache *gar nicht mehr extensional* ist, d. h. der Wahrheitswert zusammengesetzter Sätze ist nicht mehr invariant gegenüber Operationen, bei denen äquivalente Sätze, also Sätze mit gleichem Wahrheitswert, füreinander eingesetzt werden. Und das weist darauf hin, daß, im Gegensatz zu der Auffasung des „logischen Atomismus" (vgl. I 7), der Wahrheitswert doch nicht als die allein relevante Bestimmung eines Satzes angesehen werden kann. Ein einfaches Beispiel möge das erläutern. In der Metasprache sei „N" das Prädikat für „logische Notwendigkeit". Mit diesem Prädikat kann die Aussage „p ∨ ⌐ p ist L-wahr" (vgl. I 8) dargestellt werden in der Form

(1)   N (p ∨ ⌐ p ist wahr),

in Worten, „der Ausdruck p ∨ ⌐ p ist logisch notwendig wahr". Wäre der Satz (1) nun extensional, so könnte der wahre Teilsatz p ∨ ⌐ p durch einen beliebigen anderen wahren Satz ersetzt werden, ohne daß sich der Wahrheitswert des Gesamtausdrucks änderte (vgl. I 7). Aber das trifft offensichtlich nicht zu: Wir wählen als Teilsatz jetzt einen empirisch als wahr festgestellten Satz e und setzen ihn in (1) für p ∨ ⌐ p ein. Es entsteht

(2)   N (e ist wahr),

in Worten, „der Satz e ist logisch notwendig wahr". Aber dieser Satz ist
falsch, denn nach Voraussetzung ist e nur empirisch, nicht logisch notwendig als wahr bestimmt. Der Gesamtausdruck (2) hat also einen
anderen Wahrheitswert als (1), obwohl der Teilsatz e in (2) *denselben*
Wahrheitswert wie der entsprechende Teilsatz p ∨ ¬ p in (1) hat. Der
Wahrheitswert des Gesamtausdrucks ist mithin keine eindeutige Funktion der Wahrheitswerte seiner Teilsätze mehr, ist keine „Wahrheitsfunktion" und darum nicht extensional (vgl. I 7).

I 13   Eine einfache Überlegung zeigt, *warum* ein Ausdruck, der das
Prädikat N enthält, nicht mehr extensional sein kann. Eine extensionale
Sprache ist ja so aufgebaut, daß nur der Wahrheitswert eines Satzes
zählt. Der Wahrheitswert aber, als die allein relevante Bestimmung eines
extensionalen Satzes, steht für die Existenz oder Nichtexistenz des Sachkomplexes, der dem Satz durch die semantischen Regeln zugeordnet ist.
Diese Reduktion auf den Wahrheitswert scheint den Satz also auf die
wirkliche Existenz des in ihm definitorisch entworfenen Sachverhalts zu
reduzieren und ihn dadurch gleichsam von seiner subjektiv-definito-
rischen Herkunft zu befreien (vgl. I 6). Was aber hierbei völlig unter-
geht, ist der *sprachlich-logische* Sachverhalt, den der Satz *selbst* verkör-
pert: e ist seiner logischen Struktur nach völlig verschieden von p ∨ ¬ p,
denn e ist F-wahr, p ∨ ¬ p dagegen L-wahr. Soll nun eine Aussage über
die logische Notwendigkeit N eines Satzes gemacht werden, so interessiert genau nur diese logische Seite, die in extensionalen Sätzen systematisch ausgeschaltet wird. Wenn ein Satz S als L-wahr bestimmt ist,
so interessiert ja nicht, *daß* er wahr ist, sondern *warum* er wahr ist,
wahr nämlich allein aufgrund der sprachlichen (semantischen) Regeln.
Und deshalb hängt der Wahrheitswert des Gesamtausdrucks „der Satz S
ist L-wahr" nicht vom Wahrheitswert des Teilsatzes S ab, sondern davon, ob dieser Wahrheitswert von S *sprachlich* gegeben ist oder nicht.
Der Wahrheitswert des Gesamtausdrucks steht freilich auch hier noch für
die *Existenz* eines Sachverhalts, aber, das ist der Unterschied, nicht mehr
eines außersprachlichen, sondern eines *innersprachlichen* (logischen) Sachverhalts. Neben der extensionalen, d. h. außersprachlichen Dimension,
ist damit eine zweite Dimension, eine innersprachliche oder *„inten-
sionale"* Dimension, sichtbar geworden.

I 14   Carnap versucht dieser Situation Rechnung zu tragen, indem er, wie schon angedeutet (vgl. I 11), auf den Begriff des „*logischen Spielraums*" zurückgreift, wie er von Wittgenstein im TRAKTAT expliziert worden war. Der logische Spielraum nämlich charakterisiert die logische Struktur eines Satzes, d. h. er stellt ihn als sprachlich-logischen Sachverhalt dar. Ein Beispiel möge das erläutern.

Wie in I 7 sind in der nebenstehenden „Wahrheitstafel" die Wahrheitsbedingungen eines zusammengesetzten Satzes formuliert, hier speziell für die „Konjunktion" p ∧ q („p und q"). Die Tabelle zeigt, wie der Wahrheitswert von p ∧ q aus den Wahrheitswerten der Teil-

	p	q	p ∧ q
(1)	0	0	0
(2)	0	1	0
(3)	1	0	0
(4)	1	1	1

sätze p, q zusammengesetzt sein kann. Jede der Zeilen (1) bis (4) stellt also einen möglichen „Wahrheitszustand" von p ∧ q dar und heißt deshalb „Zustandsbeschreibung" (102). Der „logische Spielraum" eines Satzes ist nun definiert als die Klasse der *wahren* Zustandsbeschreibungen. Der logische Spielraum von p ∧ q — wir schreiben dafür abkürzend „r(p ∧ q)" — enthält also nur die in Zeile (4) dargestellte Zustandsbeschreibung. (Statt „r(p∧ q)" schreibt Carnap in SEMANTICS noch „Lr(p ∧ q)". Aus Gründen der Einheitlichkeit verwenden wir aber hier schon die Schreibweise, die Carnap in den späteren Arbeiten eingeführt hat. r = Abkürzung für englisch "range"). Der logische Spielraum ist gleichsam der Raum der „Wahrheitsmöglichkeiten" eines Satzes, d. h. jener Zustandsbeschreibungen, die den Satz bewahrheiten. Ist also der Spielraum eines Satzes bekannt, "then we know what possibilities it admits" (96). (Eine ausführliche Erörterung des Spielraumbegriffs findet sich auch bei Carnap EINFÜHRUNG 15 f).

I 15   Die Angabe des logischen Spielraums ist zunächst nur eine andere Formulierung der semantischen Wahrheitsregeln. Das wird deutlich, wenn wir das verwendete Beispiel etwas erweitern: In der neuen Tabelle ist außer der Wahrheitstafel für p ∧ q auch die Wahrheitstafel für die „Implikation" p → q („wenn p, dann q") sowie die für einen komplizierteren Ausdruck (Spalte (ε)) aufgeführt. Aufgrund der hier angegebenen Definitionen für p ∧ q und p → q läßt sich nun auch die Wahrheitstafel für den komplizierteren Implikationsausdruck

$p \wedge q \rightarrow q$ ermitteln: Die möglichen Wahrheitswerte für den „Vorder-satz" $p \wedge q$ stehen in Spalte (γ), die für den „Hintersatz" q in Spalte (β) . Die in den Zeilen (1)—(4) auftretenden Wahrheitswertkombinatio-nen für Vorder- und Hintersatz ergeben, zusammen mit der Definition

	(α)	(β)	(γ)	(δ)	(ε)
	p	q	$p \wedge q$	$p \rightarrow q$	$p \wedge q \rightarrow q$
(1)	0	0	0	1	1
(2)	0	1	0	1	1
(3)	1	0	0	0	1
(4)	1	1	1	1	1

der Implikation (Spalte (δ)), die in Spalte (ε) angegebene Wahrheits-wertverteilung für $p \wedge q \rightarrow q$, die zeigt, daß dieser Ausdruck L-wahr ist („Wahrheitswert 1 in allen vier Zeilen"). Carnap spricht deshalb von „L-Implikation" und schreibt dafür

(1) $\qquad\qquad\qquad p \wedge q \xrightarrow{L} q.$

Wir fragen jetzt, wie dies mit dem Begriff des logischen Spielraums aus-gedrückt werden kann. Wie aus der Tabelle hervorgeht, enthält der lo-gische Spielraum von $p \wedge q$ nur die Zustandsbeschreibung (4), der von q dagegen (2) und (4). Der Spielraum von $p \wedge q$ ist also kleiner als der von q, genauer, der Spielraum von $p \wedge q$ ist in dem von q enthalten, in Zeichen

(2) $\qquad\qquad\qquad r\,(p \wedge q) \subset r\,(q).$

Dies ist sozusagen eine Kurzfassung der Wahrheitswerttabelle, mit deren Hilfe eben der Implikationsausdruck (1) als L-wahr bewiesen worden war („Wahrheitswert 1 in allen vier Zeilen"). Mit der Kurzfassung (2) hat dieser Beweis jetzt die Form

(3) $\qquad\qquad\qquad p \wedge q \xrightarrow{L} q$, weil gilt $r(p \wedge q) \subset r(q).$

In allgemeiner Form kann dieser Ausdruck zur *Definition* der L-Impli-kation verwendet werden:

$$x \xrightarrow{}_{L} y \longleftrightarrow r(x) \subset r(y).$$

I 16 Was ist damit nun gewonnen? Ein Ausdruck $x \xrightarrow{}_{L} y$, der den L-Funktor $\xrightarrow{}_{L}$ enthält, ist zunächst intensional, aus demselben Grunde nämlich wie ein Ausdruck mit dem Modalprädikat N (für „logische Notwendigkeit", vgl. I 12). Mit anderen Worten, wenn hier für x und y Sätze eingesetzt werden, die zwar denselben Wahrheitswert haben, aber von beliebiger logischer Struktur sind, so wird der Ausdruck $x \xrightarrow{}_{L} y$ im allgemeinen falsch. Denn die Wahrheit eines L-Ausdrucks ist keine Funktion der Wahrheitswerte, sondern der logischen Struktur seiner Teilsätze (vgl. I 13). — Der Ausdruck $x \xrightarrow{}_{L} y$ ist dagegen *nicht* mehr intensional, wenn er mittels (4) über den Begriff des logischen Spielraums eingeführt wird. Denn für x und y können dann nicht mehr Sätze beliebiger Struktur, sondern, da es jetzt auf r(x) und r(y) ankommt, nur solche mit jeweils *gleichem logischen Spielraum* eingesetzt werden, also Sätze von gleicher logischer Struktur oder *logisch äquivalente* Sätze. Dadurch wird der Gesamtausdruck wieder eine eindeutige Funktion seiner Teilausdrücke, so daß nun auch sprachlich-logische Sachverhalte extensional beschrieben werden können, nicht nur außersprachliche Sachverhalte.

I 17 Was ist hier geschehen? Der logische Spielraum war definiert worden als die Klasse der wahren Zustandsbeschreibungen (vgl. I 14). Er repräsentiert somit die Gesamtheit der Wahrheitsbedingungen, und das heißt, die *Bedeutung* eines Satzes. Denn einen Satz verstehen, seine Bedeutung kennen, heißt wissen, unter welchen Bedingungen er wahr ist (22). Dieser Begriff der Bedeutung, der zunächst umgangssprachlich aufgenommen worden war (vgl. I 5), erweist sich somit als gleichbedeutend mit dem Begriff des logischen Spielraums. „Bedeutung" ist die Weise, wie ein Ausdruck als logischer Sachverhalt existiert, seine „logische Existenz" gleichsam im Gegensatz zur faktischen Existenz. Logische und faktische Existenz sind gewissermaßen zwei verschiedene, voneinander relativ unabhängige Existenzformen. Die *Bedeutung* „Einhorn" z. B. ist unabhängig von der Frage, ob ein Einhorn *wirklich* existiert oder nicht. — In dieser Weise sind jedem Satz zwei Hinsichten zugeordnet (vgl. auch die vorbereitenden Erörterungen in I 6 und I 13 — die rein zeichenmäßige Dimension bleibt hier außer betracht):

(1) die logische Existenz oder die Bedeutung des Satzes,
(2) die faktische Existenz oder faktische Geltung der Satzbedeutung.
Wird die Bedeutungsdimension (1) zugunsten der faktischen Dimension (2) unterdrückt, so kommt es (vgl. I 12) zum Auftreten intensionaler Ausdrücke — das ist gleichsam die Weise, wie die unterdrückte Bedeutungsdimension „aufbegehrt". Durch den Begriff des logischen Spielraums wird es jedoch möglich, beide Dimensionen gleichberechtigt zur Geltung zu bringen: Bei logischen Operationen, z. B. wenn äquivalente Sätze für einander eingesetzt werden sollen, muß jetzt genau die *Art* der *Äquivalenz* beachtet werden: handelt es sich um (1) *logisch* äquivalente, d. h. bedeutungsgleiche Sätze (gleiche logische Spielräume), oder um (2) *faktisch* äquivalente Sätze (gleiche Wahrheitswerte)? Werden diese beiden Hinsichten streng auseinander gehalten, so verschwindet die Zweiheit extensionaler und intensionaler Formen. Es gibt dann nur noch extensionale Sätze. Aber diese Eindeutigkeit der Form ist andererseits erkauft mit einer neuen Zweideutigkeit: Der semantische Ansatz in SEMANTICS führt zu der Konsequenz, daß jedem Satz *zwei Dimensionen* zuzuordnen sind, eine logische und eine faktische Dimension.

J Carnap, "Meaning and Necessity" (1947)

J 1 Durch diese „Zweidimensionalität" von Sätzen, wie wir kurz sagen wollen, wird Carnap schließlich zu einer ganz neuen Konzeption der Semantik geführt, die er in „Meaning and Necessity" vorgelegt hat. (Nach diesem Werk wird jetzt zitiert.) Die Zweidimensionalität, die zunächst nur für Sätze konstatiert worden war, wird jetzt für *alle* Arten von Ausdrücken definiert, *jedem* Ausdruck oder „Designator" (Individuenausdruck, Prädikat usw.) werden zwei Dimensionen zugeordnet, eine „*Intension*" und eine „*Extension*": "The method here proposed takes an expression, not as naming anything, but as possessing an intension and an extension" (III). Terminologisch ist hier natürlich an das gerade beschriebene Phänomen intensionaler und extensionaler Ausdrücke angeknüpft. Sachlich handelt es sich um teilweise geläufige Unterscheidungen (vgl. auch die Erörterungen zu Carnaps AUFBAU in Abschnitt F 7). "This method, called the *method of extension and intension*, is developed by modifying and extending certain customary concepts, especially those of class and property" (III). Die Intension eines (einstelligen) Prädikats, z. B. „rot", ist seine Bedeutung (im üblichen Sinne), d. h. die *Eigenschaft* rot. Seine Extension dagegen repräsentiert die faktische Dimension, also das, was mit dieser Eigenschaft existiert, oder die *Klasse* der roten Gegenstände. Für einstellige Prädikate fällt die Unterscheidung von Intension und Extension also mit der alten Unterscheidung von Eigenschaft und Klasse zusammen. — Weniger geläufig ist die entsprechende Unterscheidung bei Individuenausdrücken. („Individuenausdrücke" sind „Individuenkonstanten" wie z. B. „Caesar" sowie „Individuenbeschreibungen" wie z. B. „jener römische Diktator, der im Jahre 44 v. Chr. ermordet wurde"). Unter der Intension eines Individuenausdrucks versteht Carnap den *„Individualbegriff"* eines Individuums, d. h. die Gesamtheit dessen, was im „Begriff" eines Individuums enthalten ist. Zum „Begriff" Caesars gehört z. B., daß er im Jahre 100 v. Chr. geboren wird, 49 v. Chr. den Rubikon überschreitet und 44 v. Chr. von Brutus ermordet wird. Dagegen fällt die Extension eines Individuenausdrucks mit dem wirklichen *Individuum* zusammen, z. B. Caesar als wirklicher Person. — Intension und Extension eines *Satzes* sind der Sache nach ja bereits bekannt (vgl. I 17): Unter der Intension eines Satzes wird die ihm zugeordnete *Aussagebedeutung* („proposition") verstanden, unter der Extension sein *Wahrheitswert*, d. h. seine faktische Geltung. Man beachte also, daß als Extension *aller* Sätze *nur* die beiden Wahrheitswerte 0 und 1 infrage kommen, während die Verschiedenartigkeit der Sätze eine Verschiedenartigkeit der Aussagebedeutungen, d. h. der Satzintensionen ist. — Sinngemäß ähnlich können Intension und Extension auch für alle anderen Arten von Ausdrücken definiert werden (vgl. hierzu Carnap EINFÜHRUNG 41).

J 2 Die Intension eines Ausdrucks repräsentiert seine logische, die Extension seine faktische Dimension. Daraus ergeben sich, wie in I 16 schon angedeutet, die *Äquivalenzbedingungen* für Intension und Extension: "We shall say of two designators of any kind that they have the same *extension* if they are equivalent, and they have the same *intension* if they are L-equivalent" (23). (Außer Intension und Extension führt Carnap noch den Begriff der „intensionalen Struktur" ein, der einen Ausdruck nur in seiner Eigenschaft als Zeichengebilde betrifft. Dieser Aspekt spielt jedoch keine besondere Rolle und ist auch in dem hier untersuchten Zusammenhang nicht unmittelbar von Interesse). Die hierbei verwendeten Begriffe der Äquivalenz bzw. L-Äquivalenz von Ausdrükken sind zunächst allerdings nur für Sätze definiert: Zwei Sätze sind äquivalent, wenn sie den gleichen Wahrheitswert haben. Zwei Sätze sind L-äquivalent, wenn sie den gleichen logischen Spielraum haben. Daran anknüpfend, lassen sich diese Definitionen aber sinngemäß auch auf andere Arten von Ausdrücken übertragen, und zwar einfach in der Weise, daß die Ausdrücke in dem zugeordneten Satzzusammenhang betrachtet werden: Zwei Ausdrücke sind äquivalent, wenn in einem Satz der eine Ausdruck für den anderen eingesetzt werden kann, ohne daß sich der Wahrheitswert des Satzes ändert. Zwei Ausdrücke sind L-äquivalent, wenn sie den gleichen logischen Spielraum haben, wobei die hier erforderliche Spielraumdefinition für Ausdrücke ebenfalls an die für Sätze anknüpft. Z. B. möge der Satz „a ist blau" die folgenden drei Möglichkeiten einschließen: „a ist hellblau", „a ist mittelblau", „a ist dunkelblau". Was hierbei unter dem logischen Spielraum des Prädikats „blau" zu verstehen ist, dürfte deutlich sein: er enthält die drei Möglichkeiten „hellblau", „mittelblau", „dunkelblau". — Analoge Definitionen werden für andere Arten von Ausdrücken eingeführt. Es ist hier nicht nötig, näher darauf einzugehen.

J 3 Mit der „Methode der Intension und Extension" kann Carnap verschiedene konkrete Probleme der Sprachanalyse in einem technischen Sinne lösen. Ein Beispiel hierfür ist das im vorigen Kapitel bereits erörterte Problem intensionaler Sätze, die auftreten, wenn Prädikate für logische Modalitäten („notwendig", „möglich" usw.) verwendet werden. Mit dem Begriff des logischen Spielraums war das Problem in der Weise gelöst worden, daß auch Modalsätze wieder extensional formuliert werden können (vgl. I 17). Dies nun ist für das in MEANING entwickelte System ebenfalls charakteristisch, da der Begriff der Intension hier unmittelbar mit dem des logischen Spielraums in Beziehung gesetzt wird. "This conception of intensions has the advantage that it is possible in an extensional metalanguage" (19). — Ein anderes Beispiel für die Eleganz der neuen Methode ist nach Carnap das Problem der „Namensrelation". Diese war bei Frege als eindeutige Beziehung zwischen einem Namen und dem durch ihn bezeichneten „Nominatum" angesetzt worden. Z. B. sei r ein Name für die Klasse der roten Gegenstände. Nun hat aber r, so Frege, außer dem ihm zugeordneten Nominatum überdies noch einen „Sinn" (vgl. auch F 7), in diesem Beispiel ist das die Eigenschaft „rot". Wegen der vorausgesetzten Eindeutigkeit der Namensrelation kann r, wie vereinbart, nur für die Klasse und nicht zugleich für die Eigenschaft als Name firmieren. Um auch von der „Eigenschaft rot" sprechen zu können, wird also ein weiterer Name r′ für das Nominatum „Eigenschaft rot" benötigt. Diese Argumentation kann iteriert werden: Auch r′ hat wieder einen von seinem Nominatum verschiedenen „Sinn", für den wiederum ein zusätzlicher Name r″ eingeführt werden muß, usw. ad infinitum. Die Konzeption einer eindeutigen Namensrelation muß so zu einer absurden Vervielfachung der Ausdrücke führen, wo nach Carnaps Auffassung lediglich eine undurchschaute *Zwei*deutigkeit vorliegt, eben die von Intension und Extension. "On the basis of the method of extension and intension...we need in the object language, instead of an infinite sequence of expressions, only one expression...; and we speak in the metalanguage only of two entities in connection with the one expression, namely, its extension and its intension" (131).

J 4   Diese *Zweideutigkeit,* die nach Carnap jedem Ausdruck notwendig anhaftet, bleibt, wenn die bloß technischen Fragen einmal ausgeklammert werden, selbst als *Problem* zurück. Intension und Extension müssen, soviel ist deutlich geworden, sauber unterschieden und auseinander gehalten werden. Zugleich aber sind sie, als verschiedene Hinsichten zwar, doch auf *denselben* Ausdruck bezogen, "two entities in connection with one expression" (vgl. J 3). An diesem Punkt muß die Frage einer möglichen *Beziehung* zwischen Intension und Extension auftauchen. Carnap selbst scheint zu bemerken, daß die Zweiheit von Intension und Extension einer Deutung fähig und *bedürftig* ist: "In the metalanguage M, which we have used so far, we have spoken about extensions and intensions, for instance, about classes and properties. It is the main purpose of this chapter to show that this distinction does not actually presuppose two kinds of entities but is merely a distinction between two ways of speaking" (145). Carnap lokalisiert das Problem also zunächst im formalen Bereich, indem er es als eine Frage der Redeweise interpretiert. Er reagiert darauf mit einem terminologischen Kunstgriff: "Since the apparent duplication of entities was actually only a duplication of terminology, all we have to do is to construct another way of speaking which avoids the terminological split into extensions and intensions" (146). Diese neue „Redeweise" soll „neutral" gegen die terminologische Unterscheidung von Intension und Extension sein: "We now introduce a 'neutral' metalanguage M'. While M contains phrases like 'the property Human' and 'the class Human', M' contains only the neutral expression 'Human'; and similiarly with other types of designators. In this way the duplication of expression in M is eliminated in M' and thus the apparent duplication of entities disappears" (153). M' ist also „neutral" in dem Sinne, daß die differenzierenden Hinweise für die Intension oder Extension eines Ausdrucks fortfallen. Für „die Eigenschaft human" ebenso wie für „die Klasse der Humanindividuen" steht jetzt einfach das Prädikat „Human" (mit *großem* Anfangsbuchstaben). Natürlich müssen Intension und Extension eines Ausdrucks auch in der neutralen Form genau beachtet werden. Aber welche der beiden Hinsichten jeweils aktualisiert ist, ist aus dem Kontext zu entscheiden. Dies ist stets möglich aufgrund der Äquivalenzbedingungen (vgl. J 2): Sind die Ausdrücke äquivalent, so haben sie die gleiche Extension, sind sie L-äquivalent, haben sie die gleiche Intension. In diesem Sinne hält Carnap die ausdrückliche, terminologische Unterscheidung von Eigenschaft und Klasse, Aussagebedeutung und Wahrheitswert usw. für eine „unnötige Verdoppelung" der Ausdrücke (106).

J 5 Nun ist mit der Einführung eines „neutralen" Formalismus noch nichts für die Klärung einer möglichen *sachlichen* Korrelation zwischen Intension und Extension geleistet. Die Frage ist dadurch nur erneut gestellt. Nun weist Carnap aber gelegentlich doch auf eine *innere* Beziehung zwischen Intension und Extension hin — das Phänomen, um das es hierbei geht, ist bekannt. Wer z. B. nach der Klasse der roten Gegenstände fragt (Extension), muß schon wissen, was ein roter Gegenstand ist (Intension). "This shows that the semantical rule for a sign has to state primarily its intension, the extension is secondary, in the sense that it can be found if the intension and the relevant facts are given" (112, teilweise gesperrt). Die Intension *definiert* ja überhaupt erst eine Extension, d. h. bevor nach der Extension eines Sachverhalts gefragt werden kann, muß eine Definition (Intension) schon bekannt sein. (Auf diesen Sachverhalt war, in anderem Zusammenhang, schon in I 6 hingewiesen worden). Umgekehrt, wäre nur eine Extension vorgegeben, etwa in Form einer empirischen Gegenstandsmenge, so könnte daraus keine bestimmte Intension in eindeutiger Weise abgeleitet werden, denn die Gegenstände besitzen viele verschiedene Eigenschaften und können darum keine *bestimmte* Eigenschaft kennzeichnen: "A property determines its class uniquely, while many properties may correspond to a given class" (152), mit anderen Worten, "if merely the extension were given, together with all relevant facts, the intension would not be uniquely determinded" (112). Primär ist die Intension eines Ausdrucks also in dem Sinne, daß sie als definierende Bedingung für die Extension des Ausdrucks stets vorausgesetzt ist. — Damit wird allerdings auch deutlich, daß umgekehrt die Intension nichts Selbständiges, sondern als Definition immer schon auf das definierte Objekt, d. h. die Extension, bezogen ist. Abgeschnitten von der Extension wäre die Intension „bloße" Definition ohne Wirklichkeitsbezug. Intension und Extension sind entgegengesetzte Aspekte, aber für sich selbst unvollständig und deshalb keine selbständigen Wesenheiten. Intension und Extension fordern und ergänzen sich wechselseitig, mit anderen Worten, die *Relevanz* eines Ausdrucks ist erst dann erkennbar, wenn die Wechselbeziehung von Intension und Extension durchsichtig ist.

J 6   In Sonderfällen ist diese Wechselbeziehung tatsächlich manifest: im Falle jener Ausdrücke, die Carnap als „L-determiniert" bezeichnet. Für L-determinierte *Sätze* leuchtet das sofort ein. Denn hier ist in der Definition eines Sachkomplexes (Intension) zugleich der Wahrheitswert (Extension) mitgegeben (vgl. I 8 (b)). Intension *und* Extension sind hier sprachimmanent gegeben. Das erinnert an das Verfahren der „logischen Syntax", Entscheidungen über die Zulässigkeit wissenschaftlicher Aussagen vom Praxisbezug zu lösen und ganz der Verfügung und Kontrolle der Sprache zu unterstellen. Hier allerdings handelt es sich um *semantische* Sprachsysteme, was in der vorausgesetzten Unterscheidung von Intension und Extension gerade zum Ausdruck kommt. Carnap untersucht nun, wie ein semantisches System beschaffen sein muß, das — ähnlich wie ein syntaktisches System die wechselseitige Beziehung der Ausdrücke untereinander vollständig festlegt — analog die Wechselbeziehung von Intension und Extension eines Ausdrucks vollständig determiniert. Zu diesem Zweck erweitert Carnap den Begriff der L-Determiniertheit von Sätzen so, daß er für alle Arten von Ausdrükken eines semantischen Systems S formuliert werden kann. "A designator is L-determinate in S if and only if the semantical rules of S alone, without addition of factual knowledge, *give* its extension" (72). Ein Beispiel möge das verdeutlichen: Die L-äquivalenten Zahlausdrücke $1 + 3, 2 + 2, 2 \cdot 2$ u. ä. sind sämtlich L-äquivalent der Zahl 4, die somit als die allen diesen L-äquivalenten Ausdrücken *gemeinsame* Intension angesehen werden kann und von Carnap als „L-determinierte Intension" bezeichnet wird. Zugleich ist aber die Zahl 4 die den Ausdrücken 1 + 3, 2 + 2, 2 · 2 zugeordnete *Extension*. "Thus, roughly speaking, an L-determinate intension is such that it conveys to us its extension. For every extension, there are, in general, many corresponding intensions; but among them there is exactly one L-determinate intension, which may, in a way, be regarded as the representative of this extension" (89). D. h. die Extension ist in diesem Beispiel von der Intension her bestimmbar, da die Ausdrücke L-determiniert sind. — Nun zur Frage der Verwirklichung eines semantischen Systems, das ausschließlich L-determinierte Ausdrücke enthält, also Ausdrücke, in deren Intension die Extension vollständig mitgegeben ist.

J 7 Zu diesem Zweck greift Carnap auf ein Sprachsystem zurück, das schon in der „Logischen Syntax der Sprache" diskutiert worden war, die sog. „*Koordinatensprache*". Die Bezeichnung soll zum Ausdruck bringen, daß die Individuen hier gleichsam als „Koordinaten" in einem umfassenden Bezugssystem aufgefaßt werden: "The individuals are positions in an ordered domain. Among the *individual expressions* there are some of a special kind, called expressions of *standard form,* which fulfil the following condition: if two expressions of standard form are given, then we can see from their forms the positional relation between the two positions" (75). Durch die „Standardform" werden die Individuenkonstanten also, nach dem Vorbild der Zahlenfolge, in eine *Ordnung* gebracht, so daß jede Konstante unmittelbar ihre Position in der Ordnung der anderen Individuenkonstanten anzeigt. Carnap gibt ein Beispiel. "Let 'o' be taken as individual constant for the initial position". Die Funktion, „Nachfolger" eines Individuenausdrucks zu sein, werde ferner durch einen Akzent ("prime") „'" bezeichnet, z. B. „o'". Damit kann die folgende Definition formuliert werden: "As individual expression of standard form we take "o", together with those expressions consisting of "o" followed by one or several primes. Thus "o", "o'", "o''", "o'''", are the standard expressions for the first four positions" (75).

J 8 Mit Hilfe der Standardform kann nunmehr der Begriff der L-Determiniertheit für Individuenausdrücke definiert werden. Wir betrachten wieder ein Beispiel. Mit den folgenden „Operatoren":

(⌐ x) (...x...) für „dasjenige x mit der Eigenschaft (...x...)“,
> für „größer als“,
∧ für die Konjunktion „und“,
= für die Gleichheit,
· für die Multiplikation,
läßt sich der Individuenausdruck

(1)   (⌐ x) ((x > o) ∧ (x · x = x))

bilden. Werden die Individuenkonstanten o, o′, o″, ... mit den Zahlen
0, 1, 2, ... identifiziert, so ist leicht einzusehen, daß der Ausdruck (1)
nur von der Zahl 1, d. h. von dem „Individuum“ o′ erfüllt wird. o′ ist
also die Extension des Individuenausdrucks (1). Zugleich ist diese Extension allein aufgrund der semantischen Regeln für Standardausdrücke
(vgl. J 7) und für die Operatoren (⌐ x), >, ∧, · , bestimmt worden, d. h.
die Extension von (1) folgt aus der Intension von (1). Mit anderen
Worten, der Individuenausdruck (1) ist L-determiniert, da er in Standardform vorliegt und seine Extension dadurch streng bestimmbar ist. —
Dieses Beispiel legt die folgende Definition nahe: "An *individual expression* in the system S is *L-determinate* =_def it is L-equivalent to an
individual expression of standard form in S" (78). — Auf dieser Basis
kann Carnap nun weiter die L-Determiniertheit für Prädikate definieren. Dies geschieht durch Rückgang auf die vollständigen Satzformen,
in denen die Prädikate vorkommen: "A predicator is *L-determinate* =_def
every full sentence of it with individual expressions of standard
form is L-determinate" (83).

J 9   Es ist klar, daß dies nur Prädikate sein können, die auf die positionale Ordnung der Individuenausdrücke in der Standardform bezug-
nehmen, wie das z. B. für mathematische Ausdrücke zutrifft. Intension
und Extension mathematischer Ausdrücke sind dadurch, im Prinzip jedenfalls, wechselseitig vollständig bestimmt. Dagegen ist dieses Ziel
nicht erreicht, wenn die Ausdrücke deskriptive Zeichen enthalten, z. B.
Individuennamen, die nicht die positionale Ordnung der Standardform
haben, oder qualitative Prädikate wie „rot“ (vgl. auch MEANING 85):
Aus der bloßen Bedeutung oder Intension von „rot“ läßt sich die Extension von „rot“, die Klasse der roten Gegenstände, nicht bestimmen.

Wenn das je gelingen sollte, müßte die Welt als ein durchgängiger Ordnungszusammenhang bekannt sein. Wie in der „Standardform" müßte jeder Gegenstand seinen genauen Stellenwert in diesem Ordnungszusammenhang ausweisen, und alle seine Funktionen müßten aus dieser positionalen Relation bestimmbar sein. Man denke wiederum an einen theoretisch voll beherrschten (axiomatisierten) Bereich der Physik, wie es die klassische Mechanik ist. Bei Kenntnis der sämtlichen Anfangs- und Randbedingungen eines Systems, Kenntnis des Kraftfeldes, der geometrischen, elastischen und anderen relevanten Eigenschaften der Körper, ist, im Prinzip jedenfalls, mit dem theoretischen Formalismus (Intension) auch das wirkliche Verhalten der Körper, die Gesamtheit der möglichen Ereignisse (Extension) in dem System gegeben. Die Technik als Realisierung dieser Möglichkeit ist ein eindrucksvolles Beispiel hierfür. In unserem Zusammenhang heißt das, aus der Bedeutung oder Intension der physikalischen Formeln läßt sich (im Idealfall) deren Extension, die Gesamtheit der wirklichen bzw. verwirklichbaren Ereignisse, bestimmen. Das *Verlockende* daran liegt auf der Hand: In der Wechselbestimmung von Intension und Extension, von Logik und Wirklichkeit, ist die Trennung dieser Bereiche überwunden. Die Welt ist logisch, formal berechenbar, und der Formalismus ist welthaltig, relevant geworden.

J 10 Der Formalismus der Wissenschaft ist faktisch nicht so vollständig, daß der Schluß von der Intension auf die Extension, von der logischen Bedeutung auf die faktische Wirklichkeit, streng möglich wäre. Andererseits aber sind die Sätze und Ergebnisse der Wissenschaften auch nicht wirklichkeitsleere Leerformen eines in sich leerlaufenden Formalismus. Sie sind wirklichkeitsbezogen und insofern irgendwie relevant, auch wenn die Gesamtheit der wirklichen Ereignisse nicht lückenlos und streng daraus erschlossen werden kann. Die zentrale Frage hier ist also: *was* kann aus den Sätzen der Wissenschaft für die Wirklichkeit verbindlich erschlossen werden? Anders gefragt, welche Aussagen — welche „*Voraussagen*" — kann ich aufgrund eines verfügbaren Wissens über einen Wirklichkeitsbereich machen, der zunächst noch außerhalb meiner Verfügbarkeit liegt, und welche *Sicherheit* kommt solchen Voraussagen zu? Hier ist also nach Art und Grad der Verbindlichkeit gefragt, die in wissenschaftlichen Aussagen trotz aller Vorläufigkeit und Endlichkeit doch prätendiert ist. Es ist die Frage nach der *Verbindlichkeit des Wissens in seiner Endlichkeit* oder, in einem

noch nicht näher bestimmten Sinne, das Problem der induktiven Erkenntnis oder das *Induktionsproblem*. — Diese Situation, die sachlich
konsequent aus dem Carnapschen Ansatz der Semantik resultiert, läßt es
verständlich erscheinen, warum Carnap sich erst nach dem Abschluß
seiner semantischen Arbeiten voll dem Induktionsproblem zuwendet:
Nach dem Ausbau der Semantik in "Meaning and Necessity" (1947) und
vorbereitenden Aufsätzen zum Induktionsproblem erscheint 1950 das
umfangreiche Werk "Logical Foundations of Probability" und später,
in einer Bearbeitung von W. Stegmüller, eine deutsche kürzere Version
unter dem Titel „Induktive Logik und Wahrscheinlichkeit" (1959). —

J 11   Wir fassen kurz zusammen. Nach der Verabsolutierung des faktisch Wirklichen im „Logischen Aufbau der Welt" und der darauffol-
genden Verabsolutierung der Sprache in der „Logischen Syntax der
Sprache" hatte sich in "Testability and Meaning" die Einsicht ange-
bahnt, daß Sprache den Bezug zur Wirklichkeit weder aufheben darf
noch kann. Das führte weiter zum Aufbau der Semantik ("Introduction
to Semantics") und in der Konsequenz zur Theorie der Zweidimensionalität sprachlicher Gebilde: der Dualität von Intension und Extension,
Logik und Wirklichkeitsbezug ("Meaning and Necessity"). Jetzt aber,
mit der ausdrücklichen Hervorhebung der Zweiheit, ist zugleich das
Problem ihrer Überwindung aufgetaucht. In MEANING reagiert Carnap darauf zunächst mit dem technischen Kunstgriff einer „neutralen"
Terminologie. Der Sache nach aber bleibt die Frage der Wechselbeziehung von Intension und Extension, von Wissen und Wirklichkeitsgeltung, das Problem der induktiven Erkenntnis oder das Induktionsproblem, als das eigentliche Problem zurück.

K   Carnap, „Induktive Logik und Wahrscheinlichkeit" (1959)

K 1   Wir wenden uns jetzt diesem Fragenkomplex zu, den Carnap ausführlich in seinen Büchern "Logical Foundations of Probability" (1950)
und „Induktive Logik und Wahrscheinlichkeit" (1959, in Zusammenar-
beit mit W. Stegmüller) behandelt hat. (Eine gute Zusammenfassung der
hier entwickelten Theorien gibt Carnap auch in „Philosophie der Naturwissenschaft"). — Ein Problem *induktiver* Natur liegt, wie bereits angedeutet, allgemein dann vor, wenn von der Intension eines Ausdrucks
nicht streng auf seine Extension geschlossen werden kann. Betrachten wir
ein Beispiel. Ich nehme ein Stück Gummi, biege es und stelle fest: „Gummi

ist elastisch". Was hier in einer empirischen Situation formuliert wird, reicht gleichwohl weit über die empirische Situation hinaus, denn der Satz besagt: Nicht nur dieses, auch ein anderes Stück Gummi wird elastisch sein, und das nicht nur hier und jetzt, sondern auch in Zukunft und an einem anderen Ort. Die Extension der empirischen Feststellung ist, von dem einzelnen empirischen Ereignis ausgehend, auf mögliche gleichartige Ereignisse ausgedehnt worden, die Extension ist sozusagen „induktiv" erweitert worden. Freilich: der Satz „Gummi ist elastisch" braucht nicht in allen diesen Fällen wahr zu sein. In der Kälte z. B. wird Gummi spröde, in der Hitze plastisch, verformbar. Mit anderen Worten, der Wahrheitswert des Satzes „Gummi ist elastisch" ist abhängig von Bedingungen (Temperatur usw.), die in ihm nicht mitformuliert sind. Die Wahrheit des Satzes „Rotwein ist rot" ist rein logisch determiniert, sein Wahrheitswert, seine Extension ist aufgrund seiner Bedeutung oder Intension festgelegt. Dagegen bleibt der Wahrheitswert von „Gummi ist elastisch" unbestimmt. Er ist abhängig von weiteren Bedingungen, über deren Erfülltsein nichts ausgesagt ist. Der Satz „Gummi ist elastisch" ist weder absolut falsch noch absolut wahr, sondern gleichsam etwas „dazwischen": Wir sagen dann, er sei mehr oder weniger *„wahrscheinlich"*. Wir ordnen ihm keinen festen Wahrheitswert, sondern einen „Wahrscheinlichkeitsgrad" zu.

K 2   In diesem Sinne ist eine enge Beziehung zwischen *Induktion* und *Wahrscheinlichkeit* zu konstatieren. Hans Reichenbach, der sich gerade auch mit diesen Fragen beschäftigt hat und mit Carnap darüber im Meinungsaustausch stand, vertritt sogar die Auffassung, „daß wegen seines engen Zusammenhanges mit dem Induktionsproblem in dem Wahrscheinlichkeitsproblem der Kern einer jeden Theorie der Naturerkenntnis enthalten ist". Bei dem Wahrscheinlichkeitsbegriff handle es sich „um den entscheidenden Grundbegriff, in dessen Rahmen sich alle Erkenntnis von der Natur vollzieht und ohne dessen Deutung eine Lösung des Erkenntnisproblems überhaupt nicht erwartet werden kann. ... Es geht um die Frage, was unsere Aussagen über die Wirklichkeit eigentlich meinen" (Reichenbach WAHRSCHEINLICHKEITSLEHRE V und 13). Auch für Carnap ist das Induktionsproblem von vornherein mit dem Wahrscheinlichkeitsproblem verknüpft, was in der Wahl des Titels „Induktive Logik und Wahrscheinlichkeit" bereits zum Ausdruck kommt und im Text, ebenso wie in PROBABILITY gleich am Anfang ausdrücklich hervorgehoben wird (wenn nicht anders vermerkt, zitieren wir nach dem neueren der beiden Werke, „Induktive Logik und Wahrscheinlichkeit"): „1. Jedes induktive Schließen, im weiten Sinne des nicht-deduktiven oder nicht-demonstrativen Schlußfolgerns, ist ein Schließen auf Grund von Wahrscheinlichkeit. 2. Daher ist die induktive Logik als Theorie von den Prinzipien des induktiven Schließens dasselbe wie Wahrscheinlichkeitslogik" (III). Ähnlich an anderer Stelle: "By inductive logic I understand a theory of logical probability providing rules for inductive thinking (Carnap AIM 303). Wie Carnap den Zusammenhang von Induktion und Wahrscheinlichkeit näher bestimmt, wird im folgenden dargelegt.

K 3   Carnap findet bereits ausgearbeitete Theorien zum Wahrscheinlichkeitsbegriff vor. Die Situation ist, wie Carnap hervorhebt, beherrscht von zwei kontroversen Positionen, die hier in aller Kürze charakterisiert werden sollen. Auf der einen Seite steht die sog. *„Häufigkeitsdeutung"* der Wahrscheinlichkeit. Nach dieser Auffassung, als deren Exponenten Richard v. Mises und Hans Reichenbach genannt werden, hat eine Wahrscheinlichkeitsaussage nur Sinn, wenn sie auf eine Gesamtheit vieler Einzelfälle bezogen ist. Zur Veranschaulichung denke man an das Werfen einer Münze, deren eine Seite ein Bild und deren andere eine Zahl zeigt. „Bild" und „Zahl" sind also die beiden möglichen Ergebnisse eines Münzwurfs. Dem *einen* denkbaren Ereignis, daß „Bild" geworfen wird, steht die Unsicherheit *zweier* Möglichkeiten, „Bild" oder „Zahl", gegenüber. Als „Wahrscheinlichkeit" wird nun, grob gesagt, das Verhältnis der „günstigen" und der „möglichen" Ereignisse bezeichnet. Die Wahrscheinlichkeit z. B., daß das Ereignis „Bild" realisiert wird, beträgt offensichtlich 1 : 2, d. h. $^1/_2$. Aber was heißt das? Es heißt sicher nicht: bei einem einzelnen Wurf wird zur Hälfte „Bild" und zur Hälfte „Zahl" geworfen. Das kann nicht gemeint sein, denn ein mögliches Ergebnis kann immer nur ganz oder gar nicht realisiert werden, niemals aber zu einem Bruchteil. „Wahrscheinlichkeit $^1/_2$" kann nach der Häufigkeitsdeutung daher nur bedeuten: Bei *sehr vielen* Würfen wird etwa die Hälfte aller Würfe auf „Bild", die andere Hälfte auf „Zahl" entfallen, d. h. bei sehr vielen Würfen tritt „Bild" insgesamt mit der *relativen Häufigkeit* $^1/_2$ auf. Aber was heißt hier „bei sehr vielen Würfen"? „Mises und Reichenbach schlugen vor, Wahrscheinlichkeit nicht als relative Häufigkeit einer endlichen Folge von Versuchen zu definieren, sondern als den *Grenzwert* der relativen Häufigkeit in einer

unendlichen Folge" (Carnap NATURWISSENSCHAFT 35). Wahrscheinlichkeitsaussagen sind hiernach immer auf ein *Kollektiv* von Einzelfällen bezogen,
im strengen Sinne sogar auf ein unendliches Kollektiv.

K 4   Der Häufigkeitsdeutung steht eine Art *„Einzelfallsdeutung"* gegenüber. „Reichenbach und Mises waren beide der Meinung, daß
dieser Begriff der Wahrscheinlichkeit als Grenzwert der relativen Häu-
fiigkeit einer unendlichen Folge der einzige Wahrscheinlichkeitsbegriff
ist, der in der Wissenschaft anwendbar ist. ... Aber die lästige Frage der
Einzelfälle taucht hier wieder auf. Die neue Definition funktionierte
sehr gut für statistische Phänomene — aber wie könnte man sie auf
einen Einzelfall anwenden?" (Carnap NATURWISSENSCHAFT 36).
Ein bekanntes Beispiel ist die Hypothese, daß Caesar in England war.
Man hält das für wahrscheinlich, aber versagt die Häufigkeitsdeutung
hier nicht offensichtlich? Im Gegensatz zur Häufigkeitsdeutung, die auf
ein Kollektiv von Ereignissen bezogen ist, war in der Geschichte des
Wahrscheinlichkeitsbegriffs daher auch eine auf den Einzelfall bezogene
Deutung der Wahrscheinlichkeit entwickelt worden, „Wahrscheinlichkeit" im Sinne des *„Bestätigungsgrades einer Hypothese"*, wie Carnap
es nennt. Diese Deutung arbeitet wesentlich mit dem Begriff des „logischen Spielraums". Bereits 1886 hatte J. v. Kries eine solche Theorie
entworfen, sie ist später vor allem von Wittgenstein, F. Waismann, J. M.
Keynes, H. Jeffreys aufgenommen und weiterentwickelt worden. Auf
dieser Basis setzt jetzt Carnap an. — Anmerkung: Poppers Wahrscheinlichkeitstheorie ist zu komplex, als daß sie eindeutig einer der beiden
Positionen zugeordnet werden könnte. Poppers Ansatz wurde bekannt
mit dem Erscheinen seines Buches „Logik der Forschung" (1935), also
lange bevor Carnap sich intensiver mit diesen Fragen befaßte. Trotzdem
haben Poppers Analysen, von Ähnlichkeiten in der Terminologie abgesehen, bemerkenswert wenig Einfluß auf Carnaps Theorie gehabt, die,
wie sich zeigen wird, konsequent an sein eigenes System der Semantik
anschließt.

K 5   Carnap betrachtet die von ihm entwickelte Wahrscheinlichkeitstheorie im Sinne des „Bestätigungsgrades" einer Hypothese nicht als die
allein mögliche Position, die an die Stelle der Häufigkeitsdeutung zu
treten hätte. Er ist vielmehr überzeugt, daß hier zwei *gleichberechtigte*
Thorien vorliegen, die beide notwendig und legitim sind. Mit dieser

Deutung glaubt Carnap den Konflikt der kontroversen Wahrscheinlichkeitsdeutungen überhaupt bereinigt zu haben. Bereinigt nicht im Sinne einer Angleichung, sondern einer säuberlichen Abgrenzung der Standpunkte: „Die meisten Forscher auf dem Gebiete der Wahrscheinlichkeit sind der Meinung, daß die verschiedenen Wahrscheinlichkeitstheorien Lösungen derselben Probleme anstreben" (21). Aber dies sei ein Irrtum und die Ursache der unfruchtbaren Kontroverse. Derselbe Ausdruck „Wahrscheinlichkeit" habe vielmehr ganz verschiedene Bedeutungen, unter denen Carnap wesentlich zwei Grundbestimmungen zu erkennen glaubt: „Der erste Begriff, der auch *Wahrscheinlichkeit*$_1$ genannt werden soll, ist die induktive Wahrscheinlichkeit oder der Begriff des Bestätigungsgrades. Der zweite Begriff, im folgenden als *Wahrscheinlichkeit*$_2$ bezeichnet, ist die statistische Wahrscheinlichkeit, welche eine quantitative physikalische Eigenschaft von physikalischen Systemen darstellt, die eng mit dem Begriff der relativen Häufigkeit zusammenhängt" (21). Diese Bestimmung isoliert aus dem Wahrscheinlichkeitsbegriff einen *logischen* und einen *empirischen* Anteil. „Ein elementarer Wahrscheinlichkeits$_1$-Satz ist stets logisch wahr oder logisch falsch und hat daher keinen Tatsachengehalt; ein elementarer Wahrscheinlichkeits$_2$-Satz hat dagegen einen Tatsachengehalt und ist somit empirisch" (29). Die mathematische Fassung der Wahrscheinlichkeitstheorie, so Carnap, gelte zwar für beide Wahrscheinlichkeitsbegriffe in gleicher Weise. „Der entscheidende Unterschied bleibt aber bestehen, daß die Bestimmung . . . im Fall der Wahrscheinlichkeit$_1$ nur logische Verfahren erfordert, während sie im Falle der Wahrscheinlichkeit$_2$ auf empirischem Wege erfolgt" (29). Vom Standpunkt dieser Unterscheidung aus scheint der frühere Gegensatz in der Wahrcheinlichkeitsdeutung nichts als die ständige Verwechslung zweier grundverschiedener Begriffe zu sein, die nur wegen gewisser formal-mathematischer Ähnlichkeiten unter derselben Bezeichnung auftreten. Hinter diesem dualistischen Ansatz steht freilich Carnaps dualistische Konzeption der Semantik: Intension und Extension eines Ausdrucks, seine logische Bedeutung und deren faktische Realisierung sind grundverschiedene Dimensionen. Die statistische Auszählung einer relativen Häufigkeit stellt eine *faktisch realisierte* Klasse, d. h. eine Extension, fest. Ist dagegen nach dem Bestätigungsgrad c einer Hypothese h gefragt, so geht es darum, die *Bedeutung* der Hypothese h mit der *Bedeutung* der verfügbaren Erfahrungsaussagen e zu vergleichen. Mit anderen Worten, die Ermittlung des Bestätigungsgrades läuft auf einen Vergleich zweier Intensionen hinaus und ist damit ein rein *logisch-semantisches* Problem (§ 14, 15).

K 6   Hier wird bereits ein wichtiger Sachverhalt deutlich, der für Carnaps induktive Logik bezeichnend ist: Es fällt auf, daß das Problem *universeller (Natur-)Gesetze* in dieser Theorie wesentlich ausgeklammert ist. Vom logisch-semantischen Ansatz her ist das jedoch verständlich. Wir betrachten das von Carnap diskutierte Beispiel einer Person X, die bisher ausschließlich *weiße* Schwäne beobachtet hat: "Suppose somebody asks X what he expects to be the colour of the next swan he will see. Then X may reason like this: he has seen many white swans and no non-white swans; therefore he presumes, admittedly not with certainty, that the next swan will likewise be white; and he is willing to bet on it. Perhaps he does not even consider the question whether all swans in the universe without a single exception are white; and, if he did, he would not be willing to bet on the affirmative answer (Carnap PROBABILITY 575). Carnap meint also folgendes: Die Erfahrungsaussage, daß bisher auschließlich (aber nur endlich viele) weiße Schwäne beobachtet wurden, ermöglicht bereits die Wahrscheinlichkeits$_1$-Aussage für die Hypothese, daß auch der nächste Schwan weiß sein werde, ohne hierzu den Umweg über eine hypothetisches universelles Naturgesetz „alle Schwäne sind weiß" gehen zu müssen. Vom semantischen Ansatz her ist das verständlich. Die logisch-semantische Methode der induktiven Logik analysiert und vergleicht lediglich die Intensionen oder Bedeutungsgehalte von Sätzen, d. h. von konkreten Erfahrungsaussagen und Hypothesen, braucht also den Bereich des konkret Ausgesagten gar nicht zu verlassen. Sie braucht den konkreten Anwendungsbereich nicht auf eine unbeschränkte numerische Allgemeinheit hin zu überschreiten. Auf die Frage "are laws needed for making predictions?" gibt Carnap deshalb die Antwort, that we "need not take the roundabout way through the law 1 at all, as is usually believed." "That is to say, our inductive logic makes it possible to determine ((the probability of a prediction)) . . . directly and to find it has a high value, without making use of any law." "We see that the use of laws is not indispensible for making predictions" (Carnap PROBABILITY 574 f).

K 7   Diese Auskunft kann freilich nicht recht überzeugen. Denn für die Voraussage, daß der *nächste* Schwan weiß sein werde, muß ich vorher schon „Schwan" und „weiß" hypothetisch als verbunden gedacht haben, so wie es die Beobachtung weißer Schwäne auch unmittelbar zeigt. Daß die beobachteten Schwäne noch nicht *alle* Schwäne sind, ist eine neu hinzutretende Reflexion, die auf die Zufälligkeit meiner empirischen Konfrontation mit Schwänen reflektiert. Daß ich bisher noch nicht *alle* Schwäne gesehen habe, ist keine Eigenart der *Schwäne,* sondern meiner persönlichen Umstände. Charakteristisch für die beobachteten Schwäne ist dagegen, daß sie weiß sind, so daß „weiß" zunächst unmittelbar zur *Definition* von „Schwan" gehört: „Schwäne *überhaupt* sind weiß" oder „*alle* Schwäne sind weiß". Damit scheint soviel deutlich zu sein: Auch wenn universelle Sätze nicht explizit in Erscheinung treten, ist *Universalität* hypothetisch doch *vorausgesetzt.* Die semantische Analyse, die davon nichts vorfindet, greift zu kurz, weil sie von den fertigen, konkreten Sätzen ausgeht. Sie betreibt Bedeutungsanalyse und ist blind für die Bedeutungsgenese, obwohl gerade *dort* die Voraussetzungen für das analysierte Bedeutungsgebilde liegen. So sind die Zwischenstufen „A ist Schwan" und „Schwan ist weiß" (d. h. „alle Schwäne sind weiß") in der resultierenden Beobachtungsaussage „Schwan A ist weiß" nicht mehr explizit vorhanden. Daß diese Zwischenstufen aber existieren, wird durch ein Gegenbeispiel sichtbar: Die Aussage „Schwan B ist schwarz" löst ja sofort die Frage aus, ob B denn wirklich ein *Schwan* sei. — Somit ist festzustellen, daß die logisch-semantische Methode hier nicht weiterhilft, sondern das Problem universeller Gesetze nur umgeht und verschleiert. Wir werden diese Fragen in Teil III wieder aufnehmen und wollen jetzt zunächst Carnaps Argumentation zum Wahrscheinlichkeitsproblem weiterverfolgen.

K 8   Wie „Wahrscheinlichkeit$_1$" im Sinne des Bestätigungsgrades *technisch* definiert ist, wird in § 16 mit einer Skizze erläutert:

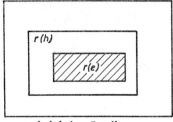
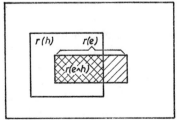

deduktive Logik   induktive Logik

Die Intensionen der Hypothese h und der empirischen Aussage e sind repräsentiert durch die logischen Spielräume r(h), r(e). Würde e die Hypothese h *rein logisch* („deduktiv") implizieren, so würde das für die logischen Spielräume bedeuten, daß r(e) ganz in r(h) enthalten ist (vgl. I 15),

(1) $$(e \overset{\rightarrow}{_L} h) \longleftrightarrow (r(e) \subset r(h)).$$

Ein Problem der *induktiven* Logik liegt dagegen vor, wenn keiner der Spielräume r(e), r(h) total im anderen enthalten ist, sondern nur eine teilweise Überlappung vorliegt (doppelt-schraffierter Bereich). Die Wahrscheinlichkeit$_1$ der Hypothese h aufgrund des Erfahrungswissens e oder der *Bestätigungsgrad c(h, e)* ist dann so definiert, daß dadurch der Grad der Überlappung von r(h) und r(e) ausgedrückt wird. — Für eine quantitative Angabe muß ein *Maß* für die Größe des Spielraums gefunden werden. Dies geschieht, anschaulich gesagt, durch Auszählung der im Spielraum enthaltenen „Wahrheitsgründe" (Spielraum=Klasse der wahren Zustandsbeschreibungen oder „Wahrheitsgründe", vgl. I 14). Die mathematische Formulierung verwendet eine reguläre Maßfunktion m (x), deren Argumente x Sätze sind, deren Werte m (x_i) zwischen 0 und 1 liegen und deren Wertsumme (Integral) 1 ergibt. Der Bestätigunsgrad c der Hypothese h aufgrund des Erfahrungswissens e ist dann definiert durch (155):

(2) $$c(h, e) = m(e \wedge h)/m(e), \quad m(e) \neq 0.$$

Wiederum anschaulich gesprochen gibt c an, wieviele Wahrheitsgründe den Sätzen e und h gemeinsam sind („e ∧ h", doppelt-schraffierter Bereich), bezogen auf die Gesamtzahl der Wahrheitsgründe von e (links-schraffierter Bereich). c(h, e) = 1 würde bedeuten, daß m(e ∧ h) = m(e), d. h. r(e) $\subset$ r(h) oder e $\overset{\rightarrow}{_L}$ h gilt (vgl. (1)). In Worten, r(e) ist dann vollständig in r(h) enthalten, d. h. die Wahrheitsgründe von e bewahrheiten zugleich h, die Hypothese h wird durch das Erfahrungswissen e voll bestätigt. Dies ist der schon angeführte Grenzfall deduktiver Sicherheit, vgl. (1). Dagegen würde c (h, e) = 0,9 bedeuten, daß r (e) nur zu 0,9 in r(h) enthalten ist, d. h. die Wahrheitsgründe von e sind nur zu 90 % auch Wahrheitsgründe von h. e bestätigt die Hypothese h mit dem Bestätigungsgrad 0,9. — Carnap selbst weist übrigens darauf hin, daß die

Frage der Quantifizierbarkeit von Wahrheitsgründen nicht unproblematisch ist, und führt deshalb außer dem quantitativen Begriff auch einen „klassifikatorischen" und einen „komparativen" Begriff der Wahrscheinlichkeit$_1$ ein. Wir wollen diese Frage hier nicht thematisieren, sondern unter der *Voraussetzung*, daß ein quantitativer Bestätigungsgrad im definierten Sinn existiert, weiterfragen:

K 9 Was ist mit der Angabe eines Bestätigungsgrades c überhaupt gewonnen? Im Falle c(h, e) = 1 (oder = 0)), im Grenzfall deduktiver Sicherheit also, ist mit der Bedeutung oder Intension der Hypothese h auch ihre Extension, ihr Wahrheitswert (der in diesem Fall mit dem Wert von c (h, e) identisch ist: 1 (bzw. 0)), ihre faktische Geltung gegeben (vgl. I 8). Was aber bedeutet z. B. c (h, e) = 0,9? In diesem Falle ist der tatsächliche *Wahrheitswert* von h völlig unbekannt. Bekannt ist lediglich, daß 90 % der möglichen Wahrheitsgründe „für h sprechen", über die restlichen 10 % herrscht Ungewißheit. Trotzdem würde jeder eine Wette eher auf eine zu 90 % als auf eine, sagen wir zu 30 % bestätigte Hypothese eingehen, warum? Der Wahrheitswert der Hypothesen ist doch in *beiden* Fällen nicht bekannt. Zwar beträgt die „Unsicherheit" im ersten Fall nur 10 %, im zweiten dagegen 70 %. „Nur 10 %" Unsicherheit bedeutet aber noch nicht Sicherheit. Wer sich darüber hinwegsetzt, verläßt den Boden des gesicherten Wissens und vollzieht einen „*Induktionsschluß*", der über die vorgegebenen Prämissen *hinausgeht*, vgl. K 1. Kann ein solcher „Schluß" aber, der kein Schluß im strengen, deduktiven Sinne ist, überhaupt Relevanz haben?

K 10 Dieser Meinung ist *Reichenbach*: "Among all scientific inferences there is only one of an overreaching type: that is the inductive inference. All other inferences are empty, tautological; they do not add anything new to the experiences from which they start. The inductive inference does; that is why it is the elementary form of the method of scientific discovery." "The probability theory of meaning therefore allows us to maintain propositions as meaningful which concern facts outside the domain of the immediately verifiable facts; it allows us to pass beyond the domain of the given facts. This *overreaching* character of probabilty inferences is the basis method of the knowledge of nature" (Reichenbach EXPERIENCE 365, 127). — Dieser Rechtfertigungsversuch des Induktions- oder Wahrscheinlichkeitsschlusses wird von *Popper* angegriffen: „Eine befriedigende Theorie dessen, was man, etwa im Sinne Reichenbachs, ‚Induktion' zu nennen pflegt, halte ich nicht für möglich; ich glaube vielmehr, daß jede solche Theorie (gleichgültig, ob sie nun die ‚klassische Logik' verwendet, oder eine ‚Wahrscheinlichkeitslogik') aus formallogischen Gründen entweder einen unendlichen Regreß enthalten oder ein aprioristisches (nicht nachprüfbares, synthetisches) ‚Induktionsprinzip' verwenden muß" (Popper FORSCHUNG 256). Ein „unendlicher Regreß" muß, so Popper, dann entstehen, wenn dem Prinzip des Induktionsschlusses oder „Induktionsprinzip", mit dem Wahrscheinlichkeitsaussagen gerechtfertigt werden sollen, vorsichtshalber selbst nur Wahrscheinlichkeit zugeschrieben wird. Wird dem Induktionsprinzip andererseits Wahrheit zugeschrieben, so kann dies nach Popper nur „aprioristisch", da ohne empirische Grundlage, geschehen — was in klarem Gegensatz zum Grundprinzip des Empirismus steht (Popper FORSCHUNG 210).

K 11   Muß also an diesem Punkt der Empirismus, der in seiner strengen Form nur logisch-analytische und empirisch-synthetische Sätze als sinnvoll akzeptiert, geopfert werden? *Carnap* verneint das. „Unsere Auffassung vom Wesen des induktiven Schließens und der induktiven Wahrscheinlichkeit führt zu einem anderen Ergebnis. Sie ermöglicht es uns, die induktive Methode als gültig zu betrachten, ohne den Empirismus aufzugeben. Nach unserer Auffassung ist die Theorie der Induktion dasselbe wie induktive *Logik*. Jede induktive Behauptung (d. h. nicht die damit verbundene Hypothese, sondern die Behauptung der induktiven Relation zwischen Hypothese und Datum) ist rein logisch. Eine Aussage über Wahrscheinlichkeit$_1$ oder Schätzung ist, wenn sie wahr ist, analytisch. . . . Da sie nicht synthetisch ((ist, bedarf)) sie keiner empirischen Bestätigung" (58). Die empirisch-synthetischen Inhalte dagegen sie ganz der Wahrscheinlichkeit$_2$ vorbehalten, der faktisch festgestellten statistischen Häufigkeit, die über diese Faktizität aber nicht hinausreicht. Mit dieser sauberen Zweiteilung der Wahrscheinlichkeitsaussagen in rein logische und rein faktisch-empirische Sätze ist die Frage nach der praktischen Relevanz oder Wirklichkeitsgeltung des Induktionsschlusses freilich nicht beantwortet, sondern vielmehr nur erneut gestellt. Carnap selbst räsoniert: „Wir wollen annehmen, daß ein Mann X seine Entscheidungen allgemein in Übereinstimmung mit den Wahrscheinlichkeiten wichtiger Voraussagen in bezug auf die vorhandenen, auf Beobachtung beruhenden Daten trifft. Ist dies bloß eine willkürliche Gewohnheit oder können wir diese Handlungsweise ganz allgemein rechtfertigen? Kann X sicher sein, daß seine so bestimmten Handlungen erfolgreich sein werden?" (54 f). Carnap macht Zweifel geltend: „Kann aber X eine praktische Entscheidung treffen, wenn er als Grundlage nur einen analytischen Satz hat, der nichts über die Welt aussagt"? „Unsere Antwort lautet: Es ist nicht möglich, X eine Zusicherung des Erfolges, nicht einmal auf lange Sicht, zu geben, sondern nur der Wahrscheinlichkeit des Erfolges" (58). Deshalb sei es „von X vernünftig, sich ganz allgemein dafür zu entscheiden, alle seine speziellen Entscheidungen mit Hilfe der induktiven Methode zu treffen, weil die Uniformität der Welt und damit auch auf Grund seiner Erfahrungsdaten ein Erfolg für ihn im Gesamtergebnis wahrscheinlich ist, selbst auf die Gefahr hin, daß er am Ende seines Lebens feststellen müßte, daß er tatsächlich keinen Erfolg hatte, während sein Konkurrent, der seine Entscheidungen nicht auf Grund von Wahrscheinlichkeiten, sondern bloß von willkürlichen Launen getroffen hat, erfolgreich gewesen ist" (58 f).

K 12 Carnaps Position zeichnet sich insofern durch Konsequenz aus. Er ist zu der Konsequenz bereit, daß die Erfolgserwartung der Wahrscheinlichkeit$_1$ nichts mit praktischem Erfolg zu tun habe. Dem Menschen X, der aufgrund von Wahrscheinlichkeit$_1$ handelt, werde, so Carnap, „die Sicherheit genügen, daß ein Erfolg im Gesamtergebnis *wahrscheinlich* ist" (56). Dies sei „leicht einzusehen", und in der Tat ist damit gesagt, daß der Erfolg, der mit der Wahrscheinlichkeit$_1$ erwartet wird, auch garantiert mit der Wahrscheinlichkeit$_1$ zu erwarten sei. Die Frage ist nur, ob dem handelnden X diese Sicherheit, die nicht bestritten werden kann, wirklich genügt. Möglicherweise ist es ihm nicht gleichgültig, ob sein Wahrscheinlichkeits$_1$-Wissen zur Erwartung einer Wahrscheinlichkeit$_1$ oder zur Erwartung eines Erfolges berechtigt. Ersteres ist tautologisch und damit unbezweifelbar und leer. Letzteres, die Frage der berechtigten Erfolgserwartung, ist erneut und ungelöst das Problem des Induktionsschlusses und damit auch das Problem der Wahrscheinlichkeitsgeltung. In diesem Sinne wird Carnap auch von E. Nagel kritisiert: „Ich finde seine Veröffentlichungen in diesem Punkt nicht vollständig klar." Carnap flüchtet in das Argument, daß ein Handeln gemäß dem größten Wahrscheinlichkeitsgrad „rational" sei. Nagel hierzu: „Wenn Rationalität in der Weise verstanden wird, wie Carnap das anscheinend tut, so sollte die Wahrscheinlichkeit sicherlich nicht zum Richtmaß des Handelns genommen werden" (Nagel INDUCTION 24 f, dort englisch).

K 13   Eine gerechte Interpretation des Bestätigungsgrades scheint Carnap hier gegen seine Selbstintrepretation in Schutz nehmen zu müssen. Denn es erscheint fraglich, ob Carnaps methodologisches Selbstverständnis für die Beurteilung dessen, was er wirklich tut, kompetent ist. Dieser Zweifel soll begründet werden. Die Frage ist nach wie vor: was besagt eigentlich die Angabe eines Bestätigungsgrades $c(h, e)$? — c charakterisiert ein Verhältnis logischer Spielräume, d. h. die Ähnlichkeit zweier Aussagenbedeutungen, h und e. Der Vergleich beider erfordert nur rein logische Verfahren. Die daraus resultierende Wahrscheinlichkeits$_1$-Aussage ist in der Tat ein analytischer Satz. Das wird von Carnap zu recht betont. Aber, und hier muß Carnap widersprochen werden, das heißt nicht, daß die Wahrscheinlichkeits$_1$-Aussage nichts über die Welt aussagt. Sie enthält ja eine Information, die für das praktische Handeln äußerst wertvoll ist: Sie macht eine Aussage über die Unsicherheit oder das *Risiko*, das ein Handeln eingeht, das den „Induktionsschluß" von e auf h vollzieht, indem es sich für h entscheidet. Betrachten wir z. B. das Würfelspiel und die Hypothese, daß eine 3 fällt. Der zugeordnete Bestätigungsgrad $c(h, e) = 1/6$ weist unmißverständlich darauf hin, daß nach der verfügbaren Information e die Hypothese h auf sehr wackeligen Füßen steht. Wer trotzdem danach handelt, geht ein *Risiko* ein, das durch c exakt charakterisiert ist. (Hier sei nur angemerkt, daß der Zahlenwert $\frac{1}{6}$, je nach der präzisen Fragestellung, nicht unbedingt richtig zu sein braucht. „Die 3 fällt einmal in 6 Würfen" bzw. „Die 3 fällt zehnmal in 60 Würfen": diese beiden Hypothesen haben nicht dieselbe Wahrscheinlichkeit. Aber das ist ein einfaches mathematisches Problem, das hier nicht thematisiert zu werden braucht). — Um das Ergebnis unserer Kritik noch deutlicher zu machen: Daß eine Wahrscheinlichkeits$_1$-Aussage $c(h, e) = p$ analytisch ist, wie Carnap zu recht feststellt, bedeutet, daß diese Wahrscheinlichkeitsaussage über die Hypothese h selbst nicht bloß wahrscheinlich, sondern ihrerseits *wahr* ist. Über die Hypothese h selbst kann nach Voraussetzung (lückenhaftes Erfahrungswissen e) *keine* wahre Aussage gemacht werden. Der Übergang zu einer *Wahrscheinlichkeitsaussage* über h ist aber zugleich der Übergang zu einer *wahren* Aussage: zwar nicht über h selbst, aber über die mit h verbundene *Unsicherheit*. Es ist der Übergang von der *fehlenden* Information (über h) zu der *verfügbaren* Information: nämlich daß Information *fehlt*. Wer $c(h, e)$ kennt, kennt das Risiko, das mit einer Entscheidung für h verbunden ist. In diesem Sinne ist „Bestätigungsgrad" oder „Wahrscheinlichkeit$_1$" nur die positive Formulierung dessen, was auch *kalkuliertes Risiko* genannt werden könnte. „Risiko", insofern Information fehlt und sich daraus eine Unsicherheit für den Wahrheitswert von h ergibt, „kalkuliert", insofern diese Unsicherheit durch c exakt bestimmt ist.

K 14 Daß die Kenntnis des Risikos von eminent praktischer Bedeudeutung ist, liegt auf der Hand. Optimales Handeln beruht auf einer adäquaten Beurteilung des Risikos, es ist „vorsichtig", aber nicht „überängstlich", es setzt nichts unnötig aufs Spiel, nutzt aber auch seine Möglichkeiten. Man denke an eine *Wette*. Akzeptabel, rational vertretbar ist die Annahme der Wette, wenn der Einsatz in einem vernünftigen Verhältnis zum Verlustrisiko einerseits und Gewinnbetrag andererseits steht. — (Die technische Seite, wie dieses Verhältnis mathematisch zu bestimmen ist, braucht hier wiederum nicht zu interessieren. Carnap geht auf diese Fragen ausführlich ein (z. B. „Grenznutzentheorie"). Allgemein gesehen handelt es sich um Probleme der sog. „Spieltheorie", die sich heute schon zu einem selbständigen Teilbereich der angewandten Mathematik entwickelt hat). — Man denke weiter an das gesamte Versicherungswesen, das auf einer Berechnung des Risikos beruht. Wer eine Krankenversicherung abschließt, „verteilt" das finanzielle Risiko eines schweren Krankheitsfalles. Er zahlt lieber regelmäßig und vorhersehbar Versicherungsprämien als einen unvorhersehbaren Bankrott durch Krankheit zu riskieren. Diese Überlegungen, die ihre Basis in der induktiven Logik haben, gelten letztlich für alles umsichtige Handeln. Schon wer eine Straße überquert, muß das Unfallrisiko zuverlässig beurteilen. Carnaps Interpretation: „ein elementarer Wahrscheinlichkeits$_1$-Satz ist stets logisch wahr oder logisch falsch und hat daher keinen Tatsachengehalt" (29) kann somit nicht als befriedigend angesehen werden. Denn als Risikobeurteilung *hat* er praktische Relevanz. Und das nicht, obwohl, sondern gerade *weil* er logisch wahr ist.

K 15 Carnap bemerkt wiederholt, daß der Wirklichkeitsbezug einer Wahrscheinlichkeits$_1$-Aussage eben nur der Wirklichkeitsbezug des schon bekannten Erfahrungswissens e sei, über das die Wahrscheinlichkeitsaussage schlechterdings nicht hinausgehen könne: Diese „fügt nichts zum faktischen Inhalt des ersteren hinzu, sondern stellt nur eine logisch-induktive Relation zwischen den Beobachtungen und der fraglichen Hypothese ausdrücklich dar" (58). Aber Carnaps Deutung muß an diesem Punkt erneut als unbefriedigend bezeichnet werden. Wenn der Wahrscheinlichkeitssatz tatsächlich „nur" eine logisch-induktive Relation zwischen e und h, aber nichts Neues gegenüber dem bekannten Erfahrungswissen e darstellt: warum wird er dann überhaupt formuliert? Weshalb wird neben der deduktiven — nicht ohne Mühe — auch noch eine induktive Logik aufgebaut? Offenbar ist doch etwas daran, das dieses Interesse an Wahrscheinlichkeitsaussagen rechtfertigt. Nun, es scheint genau das zu sein, was in K 13 als „kalkuliertes Risiko" bezeichnet worden war. Der Satz, daß ein Würfel 6 gleiche Seiten hat, in sich homogen und auch sonst in jeder Hinsicht regulär ist, ist völlig verschieden von dem Satz, daß die Wahrscheinlichkeit, eine 3 zu würfeln, gleich $1/_6$ und damit „riskant" ist. Ich kann mein Erfahrungswissen hin und her wenden, nie wird sich darin ein Hinweis auf etwas wie „Risiko" zeigen. Gegen Carnaps Interpretation müssen wir deshalb Reichenbachs Auffassung zustimmen (vgl. K 10), daß der Induktionsschluß „überragend" ("overreaching") sei, weil er in der Tat den Erfahrungen etwas Neues hinzufügt und darum „die elementare Form der Methode wissenschaftlicher Entdeckungen ist".

K 16 Woher stammt aber dieses Neue, das über das bekannte Erfahrungswissen e hinausgeht und die Wahrscheinlichkeits$_1$-Aussage dadurch zu einer gehaltvollen, nichttrivialen Aussage macht? Es stammt aus der *Hypothese*. Die Hypothese trägt einen neuen Aspekt an das Erfahrungswissen heran. Sie stellt eine Frage, deren Antwort nicht aus dem verfügbaren Erfahrungswissen e abgeleitet werden kann (denn sonst läge ja nicht ein Problem der induktiven, sondern deduktiven Logik vor). Die Hypothese entwirft sozusagen eine neue Situation, sie intendiert eine *Erweiterung* des gesicherten Erfahrungswissens. Zwar ist die Erweiterung zunächst nur hypothetisch, subjektiver Entwurf, aber sie gewinnt objektive Relevanz durch die praktischen Konsequenzen, die sie sichtbar macht. Sie stellt das Handeln vor *neue* Alternativen und gibt in Form des Bestätigungsgrades ein verbindliches Maß für das zugeordnete *Risiko* an. Selbst die Information, daß das Risiko groß ist, enthält unmittelbar praktische Konsequenzen für die Strategie des Handelns. Das kann bedeuten: Das Erfahrungswissen e muß vergrößert werden, oder es muß eine neue Hypothese gefunden und überprüft werden.

K 17   Diese tatsächlich relevanten Aspekte von Wahrscheinlichkeits$_1$-Aussagen sollen nach Carnap nun allerdings nicht mehr zum Bereich der induktiven Logik gehören. Diese habe es ausschließlich mit dem vorgegebenen Erfahrungswissen, der vorgegebenen Hypothese und der logischen Relation zwischen beiden zu tun. Die praktischen Aspekte der induktiven Logik werden einer *Methodologie der Induktion* zugeschoben (80). Dort zeige sich, daß in einem faktischen Induktionsprozeß *außerlogische* Faktoren wie „Einfühlung", „Intuition", „Glück" wirksam sind. "In order to learn inductive reasoning, we must have what I call the ability of *inductive intuition*", so auch in einem kürzlich veröffentlichten Vortrag (Carnap INTUITION 265). Anders formuliert, es gibt „keine Gruppe fixer Regeln, die uns automatisch zur besten Hypothese, ja auch nur zu einer guten hinleiten würden. Es ist eine Sache des Scharfsinns und des Glücks, daß der Wissenschaftler eine geeignete Hypothese entdeckt; und wenn er auch eine findet, so kann er doch niemals sicher sein, ob es nicht vielleicht eine Hypothese gibt, die noch besser zu den beobachteten Tatsachen passen würde, selbst wenn noch keine neuen Beobachtungen angestellt wurden" (69). — Carnap konzediert damit indirekt das in der Hypothese enthaltene Neue gegenüber dem vorgegebenen Erfahrungswissen. Aber indem er es ins *Außerlogische* verlegt, glaubt er es der Verbindlichkeit beraubt. Die Hyopthese beruht auf Glück, Intuition usw. und ist dadurch mit *Zufälligkeit* behaftet. Zwei Menschen mit dem gleichen Erfahrungswissen e würden also sicherlich verschiedene Hypothesen h_1, h_2 aufstellen. Und ähnlich gilt: zwei Menschen, denen dieselbe Hypothese h vorgelegt wird, werden im allgemeinen ein unterschiedliches Erfahrungswissen e_1, e_2 haben. Beide Größen, h und e, wären so mit einer fatalen Zufälligkeit behaftet. Mit dieser Zufälligkeit muß dann auch c(h, e) behaftet sein. Carnap weist wiederholt auf diesen Umstand hin. c(h, e), so hatten wir gesehen, beurteilt das Risiko, dessen Kenntnis praktische Bedeutung für das Handeln hat. Aber jetzt scheint es, daß diese Kenntnis wesentlich von zufälligen, individuellen Faktoren abhängt. Wie also steht es mit der *Verbindlichkeit* der Risikobeurteilung durch c(h, e)? Ein Kind schätzt das Risiko einer Straßenüberquerung oft ganz anders ein als ein Erwachsener. Ist Carnaps

Konsequenz somit letztlich doch unausweichlich: daß die Wahrscheinlich-keits$_1$-Aussage c(h, e) = p nicht Verbindlichkeit, sondern — trivialer-weise — lediglich Wahrscheinlichkeit$_1$ aussagen kann (vgl. K 11 f)?

K 18   Keineswegs. Zwar zeigt das Beispiel des Kindes, daß das Risiko falsch beurteilt werden kann, aber daraus folgt nicht, daß das so sein *muß*. Unsere ganze Existenz beruht jedenfalls auf der Möglichkeit des Gegenteils, der objektiv *richtigen* Einschätzung des Risikos beim Han-deln. Damit stellt sich die Frage nach einem *Kriterium:* wann ist ein Risiko objektiv „richtig" beurteilt, wann nicht, d. h. wann ist eine Wahrscheinlichkeits$_1$-Aussage *relevant?* Wie bereits dargestellt, glaubt Carnap in seiner philosophischen Selbstinterpretation nicht an die Mög-lichkeit eines solchen Kriteriums (vgl. K 12). Aber er thematisiert durch-aus diese Frage. Offenkundig hängt die Beurteilung einer Situation von dem verfügbaren Erfahrungswissen e ab. Vergesse ich etwas davon, muß sich die Beurteilung ändern. Das Kind, das unvorsichtig über die Straße läuft, hat die Gefahr vergessen. Aber auch ein Autofahrer, der subjektiv, d. h. seiner Absicht nach, zwar vorsichtig, aber mit abgenutzten Reifen fährt, handelt objektiv leichtsinnig. Er vergißt, daß es Situationen gibt, wo schlechte Reifen auch bei vorsichtiger Fahrweise zu einem Unfall führen können. Also: nicht nur das Wissen, das sich *unmittelbar* auf die Hypothese bezieht, ist wichtig, sondern ebenso auch mittelbar damit Zusammenhängendes, d. h. *alles* verfügbare Wissen muß berücksichtigt werden. Carnap nennt das die *„Forderung des Gesamtdatums"* (83).

K 19   Aber *sichert* diese Forderung schon die Relevanz und Zuverläs-sigkeit der Risikobeurteilung? Die Antwort ist Nein. Ein Beispiel möge das verdeutlichen: In meiner Wohnung riecht es schwach nach Gas. Da es aber keine Gasgeräte dort gibt, schließe ich, daß der Geruch wahrschein-lich vom benachbarten Chemischen Institut kommt, und bin beruhigt. Die Frage ist, ob zu recht. Wer sich in der Wohnung besser auskennt, weiß, daß in einem Abstellraum eine alte Gasleitung verläuft. Sie kann beschädigt und undicht geworden sein. Diese objektive Möglichkeit lasse ich außer acht, weil ich von der Gasleitung nichts weiß. D. h. selbst wenn ich mein „gesamtes" Wissen aufbiete, ist das für eine *relevante* Risiko-beurteilung in diesem Falle immer noch zu wenig. Und es ist anderer-seits auch zu viel, denn die Tatsache etwa, daß heute Donnerstag ist, hat mit dem Problem objektiv nichts zu tun. Überhaupt bildet das „gesamte" Wissen bei einem erwachsenen Menschen einen schlechterdings unübersehbaren Komplex. Aus diesem Grund ergänzt Carnap die „Forderung des Gesamtdatums" durch die zusätzliche Forderung, nur das jeweils *relevante* Wissen zu berücksichtigen. Er definiert hierfür ein Kriterium („e ∧ i" bezeichnet im folgenden, wie üblich, die Konjunktion „e und i"): „Gegeben ist die Ausgangsbestätigung einer Hypothese h auf Grund eines Datums e; es soll untersucht werden, in welcher Weise ein zusätzliches Datum i die Bestätigung von h ändert. Sofern sich herausstellt, daß die Neubestätigung $c(h, e \wedge i)$ größer ist als die Ausgangsbestätigung $c(h, e)$, wird das Datum i *positiv relevant* für h in bezug auf das Datum e genannt. Falls $c(h, e \wedge i)$ kleiner ist als $c(h, e)$, wird i als *negativ revelant* für h in bezug auf das Datum e bezeichnet. In beiden Fällen wird i *relevant* genannt. Wenn $c(h, e \wedge i) = c(h, e)$ oder $e \wedge i$ L-falsch ist, (so daß $c(h, e \wedge i)$ überhaupt keinen Wert ergibt), wird gesagt, daß i *irrelevant* für h in bezug auf e ist" (236 f).

K 20 Auf eine kurze Formel gebracht, heißt das, i ist (positiv oder negativ) relevant für h, wenn es irgend etwas mit h „*zu tun*" hat, andernfalls ist i irrelevant. Aber dieses „Zutunhaben" ist ja gerade problematisch. Carnaps Kriterium gibt nur an, ob i relevant *in bezug auf e*, d. h. auf den subjektiv gegenwärtigen Wissensstand ist. Es geht aber darum, ob i „objektiv" relevant, d. h. relevant *in bezug auf die Sache* ist. Da ich nichts von der Gasleitung in meiner Wohnung weiß, unterschätze ich das objektive Risiko einer Gasvergiftung. Nur wer von der Gasleitung weiß, weiß überhaupt, daß ihm Wissen *fehlt*, nämlich ob die Leitung tatsächlich beschädigt und undicht ist oder nicht. Nur wer weiß, was sachlich relevant ist, kann auch sein Nichtwissen oder das Risiko sachlich relevant beurteilen.

K 21 Offenbar *gibt* es das gesuchte Kriterium der Relevanz von Wahrscheinlichkeits$_1$-Ausasgen. Zugleich ist deutlich geworden, daß es nicht identisch ist mit Carnaps „Forderung des Gesamtdatums". Und die Zusatzforderung, das benutzte Wissen müsse relevant sein, setzt die Kenntnis des gesuchten „sachlichen" Relevanzkriteriums schon *voraus*. Carnaps eigene Interpretation kann daher nicht befriedigen. Sie kommt zu dem Ergebnis, daß die induktive Logik selbst nicht über die „Zuverlässigkeit von Schätzungen" befinden könne, weil „eine solche Aussage über die Zuverlässigkeit selbst induktiver Natur ist; denn es wird darin nur etwas ausgesagt über die *wahrscheinliche* Relation zwischen dem geschätzten Wert r ((einer Funktion f)) und dem tatsächlichen Wert r von f, nichts hingegen über die tatsächliche Relation zwischen den beiden Werten, die nur durch empirische Untersuchungen festgestellt werden kann". „Man kann auf diese Weise nicht ein objektives Urteil über die Güte eines Systems der induktiven Logik erhalten" (202). Diese Beurteilung entspricht ganz der in K 11 f erörterten Einstellung Carnaps zur Frage der Erfolgserwartung. Und auch hier zeigt sich wieder: Carnap kann die mögliche sachliche Relevanz von Wahrscheinlichkeitsaussagen nicht begründen.

L   Zusammenfassung und Fazit

L 1   Wir schließen die Carnap-Auslegung nun zunächst ab und vergegenwärtigen noch einmal den bisherigen Gang der Untersuchung im ganzen. — Die einleitende Klärung des historischen Vorfeldes war bei Avenarius angesetzt worden, der die Forderung aufstellt, „bei der reinen Beschreibung des Vorgefundenen stehen ((zu)) bleiben". Mach verschärft diese Tendenz. Die Beschreibung soll auf die sinnlichen Wahrnehmungselemente zurückgehen und deren funktionalen Zusammenhang nicht mehr umgangssprachlich, sondern im mathematischen Formalismus darstellen. Wenn es aber solche mathematisch beschreibbaren, d. h. gesetzmäßigen Funktionalzusammenhänge wirklich gibt, dann müssen diese unabhängig von der Zufälligkeit der Wahrnehmung sein, d. h. eine von der Wahrnehmung unabhängige Realität besitzen. Hier setzt Schlick an. Die wahrnehmungsunabhängige Realität kann in der Wahrnehmung nur verzerrt erfaßt werden und muß darum mittels Formalismus theoretisch rekonstruiert werden. „Strenge Wissenschaft" wird dadurch „ein bloßes Spiel mit Symbolen", die Brücke zur Wirklichkeit „ist abgebrochen". Aber das hat nun zur Folge, daß die „Zuordnung" von Symbol und Wirklichkeit nicht mehr begründet werden kann, sie ist „ein fundamentaler, auf nichts anderes zurückführbarer Akt des Bewußtseins".

L 2   Hier setzt, sachlich gesehen, Wittgenstein an. Sein TRAKTAT ist der radikale Versuch, dieses Problem der Zuordnung oder des Denk*aktes* zu eliminieren, indem er die Vermittlung als immer schon vollzogen ansetzt. Denken und Wirklichkeit sind beide logisch. Es gibt deshalb kein

Problem einer Vermittlung beider, die Logik ist universal. Da sie universal ist, kann sie aber auch nicht mehr hinterfragt werden, d. h. die Faktizität der Logik ist selbst nicht begründbar, sondern das „Mytische", das nur hingenommen und empirisch eingeholt werden kann. Von der Logik muß nun ihre Faktizität als ein außerlogisches Moment an der Logik selbst unterschieden werden. Die Logik wird so zur bloßen „logischen Form", der die wirkliche Faktizität gegenübersteht. Aber diese absolute Entgegensetzung von Logik und Wirklichkeit läßt erneut das Problem der Vermittlung beider entstehen, das gerade eliminiert werden sollte. So muß erneut die Vermittlung als grundsätzlich immer schon vollzogen behauptet werden, was erneut die These von der Universalität der Logik impliziert, die zwangsläufig erneut in Dualität umschlägt, usw. Beide Positionen müssen unablässig ineinander übergehen. Dieser Widerspruch ist die Konsequenz der Formalisierungstendenz, die sich, wie dargelegt, im älteren Positivismus anbahnt und in Wittgensteins TRAKTAT ins Extrem ausschlägt. Hier ist der Ausgangspunkt des „Logischen Positivismus", der in der Wittgensteinschen Verkoppelung von Positivismus und formaler Logik den Ansatz zur Lösung der positivistischen Erkenntnisproblematik gefunden zu haben glaubt. Die weitere Entwicklung dieses Logischen Positivismus ist damit zugleich die Entwicklung des im TRAKTAT angelegten Grundwiderspruchs, dessen Dialektik am Werk Rudolf Carnaps hier exemplarisch aufgewiesen worden ist:

L 3 Carnaps Werk zeigt eine bemerkenswerte innere Konsequenz, wenn seine Entwicklung als Entwicklung dieses implizit im TRAKTAT enthaltenen Widerspruchs begriffen wird: daß Logik und Wirklichkeit dasselbe und zugleich nicht dasselbe sind. — Im „Logischen Aufbau der Welt" soll die Wissenschaft von der faktischen Wirklichkeit her „konstituiert" werden. Die Überbetonung der Faktizität aber entartet zur Subjektivität der „Ähnlichkeitserinnerung", die keine Basis für eine intersubjektive Allgemeinheit abgeben kann. Eine radikale Kehrtwendung ist die Folge. In „Logische Syntax der Sprache" ist nicht mehr die individuelle Erfahrung des Wissenschaftlers konstitutiv, sondern seine sprachliche Mitteilung. Die gesamte Wirklichkeit soll in eine Sprachstruktur aufgelöst werden. Was dabei aber unterschlagen wird, ist gerade die Voraussetzung eines solchen Formalismus: der Praxisbezug, in dem er selbst steht und der ihn begründet, ist in ihm nicht repräsentiert, der

Formalismus ist unvollständig, gerade weil er absolut gesetzt wird. Das führt zur Entwicklung der Semantik ("Testability and Meaning", "Introduction to Semantics"). Der fehlende Praxisbezug wird dem Zeichen jetzt als „Bedeutung", dem Satz speziell als „Wahrheitsbedingung" hinzugefügt. Damit ist aber zugleich ein „Jenseits" der Sprache aufgetaucht, die faktische, d. h. praxisbezogene Wirklichkeit, die in der Semantik durch den „Wahrheitswert" eines Satzes repräsentiert wird. Es entsteht die Unterscheidung logisch wahrer und faktisch wahrer Sätze, die in "Meaning and Necessity" zur prinzipiellen Dualität von „Intension" und „Extension" verschärft wird. *Jeder* sprachliche Ausdruck „hat" diese beiden Dimensionen, eine logische und eine faktische Dimension. Das Bemerkenswerte ist nun, daß mit der Anerkennung des Faktischen sich jetzt auch das Logische erst *als solches* zeigen kann: Der faktische Sachverhalt des puren Bestehens oder Nichtbestehens wird ergänzt durch logische Sachverhalte in Gestalt des „logischen Spielraums", der eine logische Struktur charakterisiert. Mit der Gleichberechtigung der beiden Dimensionen ist freilich ein neues Problem entstanden. Die Verbindlichkeit des Wissens, die im AUFBAU durch die individuelle Erfahrung, in der SYNTAX durch die logische Strenge des Formalismus garantiert werden sollte, hängt jetzt allein daran, daß und wie eine Beziehung beider Dimensionen, Intension und Extension, Logik und Wirklichkeit, realisierbar ist. Das Faktum der erfolgreichen Wissenschaft beweist das *Faktum* einer solchen Korrelation; Aufgabe der Wissenschaftstheorie ist es, dieses Faktum zu erklären. Die Frage ist: wie kann von der Aussage auf die in ihr ausgesagte Wirklichkeit geschlossen werden, und wie kann umgekehrt aus einer (empirisch beschränkten) Wirklichkeitserfahrung eine verbindliche Aussage abgeleitet werden? Es ist dies das Problem der Wahrscheinlichkeitsgeltung, das bei Carnap im Rahmen einer „induktiven Logik" steht und als Konsequenz des semantischen Ansatzes erwächst. Da sein Lösungsversuch diesem Ansatz verhaftet bleibt (strikte Unterscheidung von „Wahrscheinlichkeit$_1$" und „Wahrscheinlichkeit$_2$"), bleibt das Problem der Wahrscheinlichkeitsgeltung oder Induktionsproblem bei Carnap wesentlich *ungelöst*. —

L 4 Und doch liegt gerade hierin auch ein Hinweis für eine mögliche Antwort auf diese Frage. Carnaps wirklich große Leistung besteht nicht zuletzt darin, daß seine Ansätze *radikal* durchgeführt sind und dadurch sichtbar werden lassen, was abgetan und in Zukunft nicht mehr möglich ist: Man kann die Wissenschaft weder von der individuellen Erfahrungswirklichkeit her konstituieren, noch kann man sie in einen bloßen Formalismus auflösen. Logik und Erfahrungswirklichkeit behaupten sich als unausräumbare Gegensätze. Aber auch die Dualität der Prinzipien ist nicht die Lösung, sondern wirft das Problem der Vermittlung beider auf. Carnaps Entwicklung enthält somit das Resultat, daß der Gegensatz von Logik und Erfahrungswirklichkeit nicht verwischt und andererseits nicht als *absoluter* Gegensatz fixiert werden darf. Dies ist der Problemstand, zu dem Carnaps Entwicklung geführt hat und hinter den kein Versuch einer weitergehenden Klärung zurückfallen darf. Eine weiterführende Untersuchung hat somit das Problem der *Vermittlung* von Logik und Wirklichkeit zu klären. „Vermittlung" bedeutet aber, daß der *Prozeß*charakter dieses Vollzugs thematisiert werden muß. Der Rückgriff auf einen *statischen* Formalismus, der die Vermittlung als fertig, also schon vollzogen ansetzt, der die Vollzugspraxis ausschließt und deshalb wesentlich „unvollständig" ist, wäre nur der Rückfall in eine *erledigte* Position. Akzeptiert werden kann somit nur noch eine Theorie, die die wissenschaftliche Praxis, d. h. den als „Forschung" sich ständig vollziehenden Vermittlungsprozeß einbezieht. Forschung aber gibt es nur durch den „Forscher"; er ist der Beweger, der den Prozeß erst anstößt und betätigt. Eine den Vermittlungsprozeß einbeziehende Theorie verweist deshalb zurück auf den Menschen als das handelnde Subjekt dieses Prozesses und muß in diesem Sinne wesentlich eine „*pragmatische*" Theorie sein.

L 5   Carnap hat die von Charles W. Morris (FOUNDATIONS, SIGNS) herausgestellte „pragmatische" Dimension der Sprache — Einbeziehung des sprechenden Subjekts — bekenntnismäßig durchaus konzediert. Wir zitieren aus dem 1955 erschienenen Aufsatz "On Some Concepts of Pragmatics": "There is an urgent need for a system of theoretical pragmatics, not only for psychology and linguistics, but also for analytic philosophy. Since pure semantics is sufficiently developed, the time seems ripe for attempts at constructing tentative outlines of pragmatical systems" (250). Aber mit der „Konstruktion" einer „theoretischen" Pragmatik ist, wie Tugendhat bemerkt, von dem, was „vorher als unwissenschaftlich ausgeschlossen war, ((nur)) so viel wieder zugelassen, wie sich noch im formalen System fassen läßt" (Tugendhat TARSKI 157). Und eben dadurch ist das Problem der Vermittlung von

Logik und Wirklichkeit nur wieder reproduziert, mit anderen Worten: der pragmatische Ansatz ist bei Carnap nicht wirksam einbezogen. Das zeigt die Behandlung des Induktionsproblems, die alle praktischen Aspekte aus der induktiven Logik ausschließt (vgl. K 17). Und das zeigt ebenso der 1956 veröffentlichte Aufsatz "The Methodological Character of Theoretical Concepts", wo Carnap das Problem der „theoretischen Begriffe" behandelt, jener begrifflichen Konstrukte, die ohne direkte empirische Grundlage, dabei aber gleichwohl treibendes Motiv des empirischen Forschens sind. Carnap verwandelt diesen Vollzug wieder in ein statisches Schema, das den Prozeßcharakter der Wissenschaft völlig ignoriert: Es soll hiernach eine „theoretische Sprache", ohne Bezug zur Erfahrungswirklichkeit geben, und eine „Beobachtungssprache", die nur empirische Begriffe enthält. Zwischen beiden Sprachgefügen vermitteln „Korrespondenzregeln", die jedoch nur eine teilweise empirische Deutung der theoretischen Begriffe ermöglichen. Eine solche Konzeption kann die Berechtigung theoretischer Konstrukte nicht begründen, ohne andererseits deren praktische Notwendigkeit und Fruchtbarkeit für die Wissenschaft leugnen zu können.

L 6   Im Sinne der angedeuteten Konsequenzen und Möglichkeiten, die sich aus der hier verfolgten Entwicklung in der Philosophie Carnaps ergeben, soll nun versucht werden, schon erkennbare Linien weiter auszuziehen. Das heißt, es wird wesentlich um das Problem des Erfahrungs-*vollzugs* oder das Problem der „Vermittlung" von Wirklichkeit und Wissen gehen. Diese Frage der Wirklichkeitsgeltung des Erfahrungswissens bleibt der Orientierungspunkt, und in diesem Sinne setzen wir die Erörterungen zum Problem der Wahrscheinlichkeitsgeltung bzw. Induktionsproblem fort. Wir werden in diesem Zusammenhang einen Erfahrungsbegriff vorschlagen, der, kurzgefaßt, Erfahrung als modellorientierte Praxis zu deuten versucht. Zur Konkretisierung werden wir diesen Ansatz am Beispiel des durch *Sprache* vermittelten Wirklichkeitsbezugs diskutieren und schließlich, im Zusammenhang mit dem Antinomienproblem, auch das Problem des sprachlichen Selbstbezugs in die Untersuchung einbeziehen.

Teil III: Praxis- und Sprachbezug

M Induktion

M 1 Vorab muß ausdrücklich betont werden, daß die folgenden Erörterungen rein vorbereitenden Charakter haben und daher in keiner Weise mit dem Anspruch abschließender Klärung auftreten können. Dafür ist die hier anstehende Problematik viel zu komplex. Teil III der vorliegenden Arbeit ist in diesem Sinne nicht als fertige Abhandlung, sondern eher als Exposition und Vorklärung der genannten Probleme zu verstehen, deren weitere Aufklärung gründlichen Einzelarbeiten vorbehalten bleiben muß. In diesem Sinne ist weiter zu bemerken, daß der Versuch einer soliden Verarbeitung einschlägiger Literatur angesichts der thematischen Vielfalt völlig unrealistisch gewesen wäre. Um andererseits das Risiko einer mehr oder weniger willkürlichen Textauswahl zu vermeiden, erschien es ratsamer, Literaturbezüge im Rahmen dieser Skizze überhaupt weitgehend auszusparen. — Wir knüpfen dort an, wo wir die Carnap-Auslegung abgeschlossen hatten (K 21), und fassen das dortige Ergebnis noch einmal kurz zusammen: Im Gegensatz zur Selbstinterpretation Carnaps hatten wir gezeigt, daß eine Wahrscheinlichkeitsaussage (im Sinne von Carnaps Begriff der Wahrscheinlichkeit$_1$ oder des Bestätigungsgrades $c(h, e)$) *mehr* enthält als das bereits verfügbare Erfahrungswissen e. Dieses Mehr stammt aus der Hypothese h und ist als kalkulierbares Risiko bestimmt worden. Die Frage war nun: hat dieses Risikowissen sachliche *Relevanz,* und gibt es ein *Kriterium* solcher Relevanz? Carnap selbst hatte diese Fragen nicht befriedigend beantworten können, so daß weitergehende Klärungsversuche gerade hier anzusetzen wären.

M 2 Das in K 19 gegebene Beispiel hatte zwei Fälle von Nichtwissen demonstriert: Ich weiß nicht, daß eine alte Gasleitung in meiner Wohnung existiert, und deute deshalb den vorhandenen Gasgeruch möglicherweise falsch („vom benachbarten Chemischen Institut"), ohne daß mir die Möglichkeit einer Fehldeutung bewußt wäre. Wer dagegen von der Gasleitung weiß, weiß damit zwar noch nicht, ob sie tatsächlich undicht, also Ursache für den Gasgeruch ist. Aber er *weiß,* daß er das nicht weiß. Er kann sein Nichtwissen oder das Risiko relevant beurteilen. Es ist somit naheliegend, zwei Formen des Nichtwissens zu unterscheiden (— wir verwenden im folgenden den Begriff der „Information" im umgangssprachlichen Sinne und verzichten auf eine formal-technische Explikation im Sinne der „Informationstheorie"):

(1) Fehlende „Systeminformation". Das System der logischen und kausalen Zusammenhänge, in dem die Hypothese h steht, ist nicht vollständig bekannt, so daß die Relevanz der verfügbaren Information nicht zuverlässig beurteilt werden kann. Mit der früher eingeführten Spielraum-Definition heißt das: Der logische Spielraum des fraglichen Sachverhalts ist nicht vollständig bekannt.

(2) Fehlende „Tatsacheninformation". Das System der für h wesentlichen Zusammenhänge ist zwar bekannt, d. h. es liegt vollständige Systeminformation vor. Aber es fehlt Information darüber, ob alle diese Zusammenhänge auch faktisch realisiert sind. Mit anderen Worten: der logische Spielraum ist zwar bekannt, nicht jedoch der faktische Wahrheitswert von Aussagen, die über den fraglichen Sachverhalt gemacht werden können. Der Unterschied gegenüber (1) besteht somit darin, daß ich genau weiß, was ich nicht weiß. Ich kann die Relevanz der verfügbaren Information zuverlässig bestimmen, denn ich kann die fehlende Information oder das Risiko relevant beurteilen. — Mit den Begriffen „Systeminformation" und „Tatsacheninformation" läßt sich das „Relevanzproblem" von Wahrscheinlichkeitsaussagen jetzt folgendermaßen formulieren: Fehlende Systeminformation bezüglich einer Hypothese h macht relevante Wahrscheinlichkeitsaussagen über h unmöglich. Relevant kann eine Wahrscheinlichkeitsaussage bzw. eine Risikobeurteilung nur dann sein, wenn die fehlende Information nur fehlende Tatsacheninformation, nicht Systeminformation einschließt, wenn also das System der für h wesentlichen logischen und kausalen Zusammenhänge, seiner „Gesetzlichkeiten", vollständig bekannt ist. Denn nur dann kann ich sicher sein, daß nichts „Unvorhergesehenes" passiert.

M 3 Aber: ist diese Forderung überhaupt erfüllbar? Die Antwort, die der Empirismus von Hume bis Carnap auf diese Frage gibt, ist Nein. Das Problem, das hier vorliegt, ist nach empiristischer Auffassung grundsätzlich unlösbar, weil unser Wissen von der Wirklichkeit aus der Erfahrung stammt, Erfahrung aber ein Element der Zufälligkeit enthält — das Hier und Jetzt ihres Vollzuges — und damit im Gegensatz zu

„Gesetzmäßigkeit" zu stehen scheint. Erfahrungswissen scheint nur für das Hier und Jetzt des Erfahrungssaktes selbst streng zu gelten. Im nächsten Augenblick schon kann die Welt eine andere sein. Erfahrungswissen zum Gesetz (Naturgesetz) zu erheben ist darum nach empiristischer Auffassung eine ungerechtfertigte Generalisierung, eine Induktion, deren Rechtmäßigkeit fragwürdig ist, ein apriorisches Prinzip ohne die geforderte empirische Begründung (vgl. die Erörterung in K 10). Dies der empiristische Grundansatz, der auch bei Carnap von vornherein akzeptiert und vorausgesetzt ist (vgl. K 11).

M 4   Bereits *Hegel* hat in eindrucksvoller Weise nachgewiesen, daß die empiristische Deutung dessen, was „Erfahrung" ist, fehlgeht: Erfahrung wird mit Hinweis auf das punktuelle „Hier und Jetzt" in einen vermeintlichen Gegensatz zu „Gesetzmäßigkeit" gebracht. In der „Phänomenologie des Geistes" zeigt Hegel nun, daß eben dieses Hier und Jetzt gerade ein *allgemeines* Merkmal von Erfahrung ist, das sich in *aller* Erfahrung durchhält. „Hier" und „Jetzt" sind allgemeine Bestimmungen, die als solche schon eine primitivste Gesetzmäßigkeit von Erfahrung repräsentieren. Auch wenn ich nun, gleichsam um die Individualität eines wahrgenommenen Dinges zu betonen, dieses als „ein *einzelnes Ding*" charakterisiere, „so sage ich es vielmehr ebenso als *ganz Allgemeines*, denn Alle sind ein einzelnes Ding; und gleichfalls *dieses* Ding ist alles, was man will, . . . und ich habe immer nur das Allgemeine gesagt" (Hegel PHÄNOMENOLOGIE 88). — Wenn philosophiegeschichtliche Zusammenhänge und Divergenzen hier einmal außer acht gelassen werden dürfen, so kann auf eine sachlich ähnliche Argumentation bei *Popper* hingewiesen werden, der betont, daß auch simple Beobachtungssätze, etwa: „hier steht ein Glas Wasser", bereits Allgemeinbegriffe wie „Glas" und „Wasser" enthalten. „Sie enthalten *Universalien,* und wo Universalien gelten, liegt immer *gesetzmäßiges* Verhalten vor". Denn „mit dem Wort ‚Glas' z. B. bezeichnen wir physikalische Körper von bestimmtem *gesetzmäßigem* Verhalten, und das gleiche gilt von dem Wort ‚Wasser'" (Popper FORSCHUNG 378, 61). Das Erfahrungsobjekt wird hier als „Glas" und „Wasser" *identifiziert,* d. h. ich habe die wahrgenommenen Eigenschaften mit den Eigenschaften *früherer* Erfahrungen verglichen und dabei *Identität* konstatiert, — wie immer das geschieht. Die Eigenschaften „Wasser" bzw. „Glas" zu sein, können in *verschiedenen* Erfahrungen auftreten und sind insofern als allgemeine Funktionsgesetzlichkeiten charakterisiert, die sich identisch durchhalten.

M 5 Es liegt auf der Hand, daß dies etwas mit der Funktion „theoretischer Begriffe" (vgl. L 5) zu tun hat: Gerade ihr Allgemeinheitscharakter ist es, der überhaupt erst identische „Hinsichten" auf Wirklichkeit und damit Zugriff und Bestimmtheit von Erfahrung ermöglicht. Unter diesem „normativen" Aspekt sind theoretische Begriffe als *Bedingung* und *Leitfaden* möglicher Erfahrung anzusetzen. Um von hier nun auf das Problem einer *gesetzmäßigen* Wirklichkeit zurückzukommen, soll ein Hinweis auf zwei kürzlich erschienene Arbeiten angefügt werden. — C. F. v. Weizsäcker wendet das vorliegende Problem so: „Ich kann mir nur eine einzige Rechtfertigung allgemeiner Gesetze angesichts der Erfahrung denken, nämlich eine Rechtfertigung, die weder dogmatisch aprioristisch noch eine petitio principii wäre. Sie liegt in Kants Gedanken, daß allgemeine Gesetze die *Bedingungen* formulieren, unter denen Erfahrung möglich ist . . . Sie werden in dem Umfang gelten, in dem Erfahrung möglich ist, und deshalb wird jedermann sie zugeben müssen, der bereit ist, das Zeugnis der Erfahrung gelten zu lassen" (v. Weizsäcker EINHEIT 241, Hervorhebung von mir, D. W.). — Ergänzend hierzu sei ferner auf Peter Janichs „Protophysik der Zeit" hingewiesen: Wie kann es Erfahrung geben, so wird gefragt, wenn nicht „immer auch empirisch unumstößliche *Zielvorstellungen* vorhergehen?" — mit anderen Worten: Wissenschaft „geht eben nicht von *Hypothesen* über das Wirkliche aus, sondern sie *erzeugt* erst die Bedingungen, welche dann Hypothesen über das Wirkliche zu formulieren erlauben". Das heißt, als Wissenschaftler muß ich *im vorhinein festlegen,* wann ich etwas als „Glas" oder als „Wasser" bezeichnen will. Es ist klar, daß solche Festlegungen pragmatischer Natur sind, d. h. „Handlungsanweisungen" enthalten müssen, die als „Vorentscheidungen zur Schaffung irgendwelcher künstlicher Bedingungen das Bindeglied zwischen schlichter Beobachtung und wissenschaftlicher Aussage über Experimente darstellen". „Im Blick auf die angestrebte Objektivität der Physik" gilt somit, „daß Allaussagen nicht anders als *normativ* gesichert werden können" (Janich ZEIT 50, 41, Hervorhebungen von mir, D.W.). — Diese „konstruktivistische" Deutung läßt eine prinzipielle Alternative zum empiristischen Ansatz aufscheinen. Wir werden diese Frage später (Kapitel N) im Rahmen des Modellbegriffs weiterverfolgen.

M 6 Wir hatten bereits darauf hingewiesen, daß Carnap — im Gegensatz zu dem gerade erörterten Ansatz — ohne die Annahme allgemeiner Naturgesetze auskommen zu können glaubt (vgl. K 6). Die konkreten Beobachtungssätze sind, in Verbindung mit der Theorie der Wahrscheinlichkeits$_1$-Aussagen, seiner Meinung nach für das Handeln und die Wissenschaft bereits zureichend. Aber damit, so hatten wir gesehen, bestätigt Carnap gerade das, was er zu widerlegen glaubt (vgl. K 7): In der unumgänglichen Verwendung von Allgemeinbegriffen, normativen Konstrukten also, wird offenkundig, daß schon die konkrete Erfahrungsaussage, schon der einfache Beobachtungssatz auf Gesetzmäßigkeit und Allgemeinheit bezogen ist. Freilich: diese normativ-abstrakte Allgemeinheit kann nicht die allem Empirischen anhaftende *Beschränktheit* tilgen. Aber diese ist ein Merkmal des jeweilig einzelnen Erfahrungs*vollzugs,* nicht der darin erfahrenen Wirklichkeit selbst. Daß ich bisher noch nicht *alle* Schwäne gesehen habe, ist keine Eigenart der *Schwäne,* sondern meiner persönlichen Umstände (vgl. die Erörterungen in K 7). Anders gesagt, die „wesensmäßige" *gesetzmäßige Allgemeinheit* eines Phänomens, um die es der Wissenschaft zunächst und vor allem geht, ist *nicht* gleichbedeutend mit einer *numerischen Allheit* faktischer Erfahrungsvollzüge. Eine derartige Gleichsetzung von Erfahrungsobjekt und Erfahrungsvollzug wäre nur der Rückfall in den Solipsismus, der Intersubjektivität, Kommunikation, Kontrolle in der Wissenschaft unmöglich machen würde und der mit Hinweis auf Carnaps „Logischen Aufbau der Welt" als erledigte Position gelten darf.

M 7 Wenn nun Beschränktheit zwar kein Merkmal der Wirklichkeit selbst, sondern des Erfahrungsvollzugs ist, Wirklichkeit andererseits aber nur durch Erfahrung zugänglich ist: muß diese Beschränktheit des Erfahrungsvollzugs dann nicht mindestens die Wirklichkeits*erfahrung* limitieren? Dies ist erneut der empiristische Zweifel, jetzt in einer mehr pragmatischen Argumentation, die oft auch in der folgenden Gestalt auftritt: Wenn schon — dies einmal zugegeben — in der Wirklichkeit alles mit allem gesetzmäßig zusammenhängt, wie sollte Erfahrung in ihrer Endlichkeit und Beschränktheit dann je imstande sein, diesen Zusammenhang *vollständig* zu erfassen? Wie kann ich *alle* relevanten Bedingungen eines Phänomens erkennen, von dem ich stets nur einen Zipfel sehe? („Alle relevanten Bedingungen" war ja die Voraussetzung für vollständige Systeminformation und damit für relevante Wahrscheinlichkeitsaussagen, vgl. M 2). Als Beispiel für diese Auffassung zitieren wir Moritz Schlick, nach dessen Überzeugung „es wegen des unendlichen Beziehungsreichtums aller Gegenstände völlig unmöglich ist, jemals etwas *erschöpfend* zu erkennen". „Denn bei jedem Vorgang in der Welt müssen wegen der gegenseitigen Abhängigkeit *alles* Geschehens voneinander unendlich viele Bedingungen zusammenwirken, um seinen Verlauf bis ins einzelne gerade so zu gestalten, wie er sich tatsächlich abspielt. Die vollständige Ursache jedes einzelnen Ereignisses ist also ein unendlich komplizierter Tatbestand" (Schlick ERKENNTNISLEHRE 308, 331).

M 8   Solche Skepsis übersieht freilich einen wesentlichen Punkt: Jedes Erkenntnisinteresse ist von einer *vorgegebenen Zielvorstellung* geleitet, von einer vorgegebenen Hypothese her motiviert, bringt also vorgängig schon die *Definition* dessen mit, wonach gefragt ist (vgl. auch M 5). Anders gesagt, mit dem jeweils bestimmten Erkenntnisinteresse ist zugleich *Systeminformation vorgegeben,* und die *fehlende* Information ist, in einem noch zu klärenden Sinne, lediglich fehlende Tatsacheninformation. Um den an sich komplizierten Sachverhalt an einem möglichst konkreten Phänomen aus dem Alltagsbereich zu verdeutlichen, wählen wir einen technischen Gegenstand, das Auto, als Beispiel. (Auch an späteren Stellen werden wir auf dieses Beispiel mehrfach zurückgreifen, damit der Argumentationszusammenhang maximal durchsichtig bleibt): — Eine Autoversicherung versichert nur den an einem Auto entstandenen Schaden. Sie muß also genau definieren können, was ein Auto ist, um es von einem Pferd, einer Lokomotive, einem Flugzeug usw. unterscheiden zu können. Eine solche Definition kommt aber mit wenigen, in jedem Falle *endlich* vielen Bestimmungen aus, eben weil sie nicht die Gesamtwirklichkeit betrifft, sondern nur einen Teilbereich aus ihr ausgrenzen soll. Ein Auto z. B. kann charakterisiert werden als ein Fahrzeug, das von einem Menschen gesteuert werden und mit eigener Kraft fahren kann. Das ist freilich noch keine sehr gehaltvolle Definition, aber sie ist „vollständig". Um zu entscheiden, ob ein Ding ein Auto ist, braucht nur geprüft zu werden, ob es ein Fahrzeug ist, das von einem Menschen gesteuert werden und mit eigener Kraft fahren kann.

M 9 Schwierigkeiten entstehen erst, wenn eine unmittelbare Prüfung *dieser* Bedingungen nicht möglich ist. Wie kann ich z. B. wissen, ob ein Fahrzeug sich mit eigener Kraft bewegen kann, wenn es gerade steht?

Jetzt wird es notwendig, seinerseits die Bedingungen für „mit eigener Kraft fahren können" herauszufinden. Ich benötige jetzt mehr „Autoverstand", und das heißt, mehr Systeminformation als vorher. Ich muß die Funktionsgesetze eines Autos kennen, z. B. daß ein Motor mit einer bestimmten Leistung nötig ist, daß die Motorleistung auf die Antriebsräder übertragen werden muß usw. An diesem Beispiel wird soviel deutlich, daß „Vollständigkeit" eine *relative* Bestimmung ist, relativ auf den *Differenzierungsgrad* der Systeminformation. In der einen Bestimmung „mit eigener Kraft fahren können" sind kompliziertere Bedingungen pauschal *zusammengefaßt*. Eine differenziertere Kennzeichnung dessen, was ein Auto ist, muß auch diese Bedingungen angeben, etwa dann, wenn aus Mangel an direkter Tatsacheninformation auch tieferliegende Bedingungen berücksichtigt werden müssen. Der Umkreis der relevanten Bedingungen wird dadurch zugleich erweitert und müßte im Grenzfall gewiß den gesamten Wirklichkeitszusammenhang umgreifen: im Grenzfall eines extremen Differenzierungsgrades. Es ist klar, daß dieser Grenzfall eine spekulative Extrapolation ist. Jeder praktisch vorkommende Fall kann nur einen endlichen Differenzierungsgrad und somit nur ein begrenztes Feld relevanter Bedingungen besitzen. — Gleichwohl liegen hier die eigentlichen Schwierigkeiten, die mit dem Begriff der Vollständigkeit verknüpft sind. Um den Bestätigungsgrad einer Hypothese h aufgrund des Erfahrungswissens e zu bestimmen, müssen h und e ja verglichen werden, ihr Zusammenhang muß analysiert werden. Nun haben h und e im allgemeinen nicht denselben Differenzierungsgrad. Um sie vergleichen zu können, müssen sie so weit zerlegt werden, bis sie denselben Differenzierungsgrad besitzen. Wenn das aufgrund fehlender Systeminformation nicht möglich ist, dann kann auch keine relevante Wahrscheinlichkeitsaussage formuliert werden.

M 10 Wir waren ausgegangen von der Frage, ob die Beschränktheit der einzelnen Erfahrung überwunden werden könne und vollständige Systeminformation möglich sei. Wir haben zunächst gezeigt, daß mit einem bestimmten Erkenntnisinteresse immer schon Systeminformation vorgegeben ist, die zwar undifferenziert, aber gleichwohl vollständig ist. Jetzt ist das Problem aufgetreten, wie diese zunächst undifferenzierte, aber vollständige Systeminformation weiter differenziert werden kann, aber so, daß die Vollständigkeit auch auf der neuen Differenzierungsstufe erhalten bleibt. Mit anderen Worten, gesucht sind notwendige und hinreichende Bedingungen eines Phänomens, das in einem vorgängigen Sinne schon bekannt ist. Wie können solche Bedingungen gefunden werden? Wir betrachten wieder das Autobeispiel. Nachdem ich weiß, was ein Auto ist, ein lenkbares Fahrzeug nämlich, das mit eigener Kraft fahren kann, können *im Umgang* mit ihm auch indirektere Bestimmungen sichtbar werden. Im Umgang kommt heraus, was in solchen pauschalen Bestimmungen wie „Fahrzeug", „lenkbar", „aus eigener Kraft" noch unausdrücklich enthalten ist. Das Auto hat Räder, eine Lenkvorrichtung, Bremsen, einen Motor usw. Der Motor wiederum hat Zylinder, Kolben, Zündkerzen usw. Diese Bestimmungen werden im Umgang mit dem Auto „gesammelt", d. h. einzelne Umgangserfahrungen werden zusammengenommen und demselben Gegenstand insgesamt als Umgangsgesetzlichkeit zugeordnet. Das „Sammeln" von Erfahrungen ist also die Weise, wie die Beschränktheit der einzelnen Erfahrung überwunden und zur Systeminformation erweitert wird. Dieser Prozeß muß noch etwas genauer betrachtet werden.

M 11   Gesucht ist die vollständige Kenntnis des Systems „Auto" („vollständig" in dem eben spezifizierten relativen Sinne, siehe M 9), d. h. es müssen *notwendige und hinreichende* Bedingungen dessen, was ein Auto ist, gefunden werden. Hierzu ist zunächst ein *Kriterium* erforderlich. Ich möchte wissen, was ein Auto, nicht was ein Flugzeug oder ein Klavier ist. Dieses Kriterium ist verfügbar in Form der vorgegebenen, „primitiven" Definition eines Autos (lenkbares Fahrzeug mit eigener Kraft), die als *Leitfaden* für den Umgang fungiert. An diesem Leitfaden ist der Umgang mit dem System Auto zunächst orientiert. Die dabei neu auftretenden Umgangserfahrungen werden zusammengenommen und dem System neu zugeordnet. Es ist klar, daß hierbei zunächst auch nicht-zugehörige, „zufällige" Phänomene mit einbezogen werden, — was aber ist „zufällig" und was nicht? Vorn auf der Haube des Wagens ist ein Ringstern („Mercedesstern") angebracht. Wird die Haube geöffnet, ist ein bizarrer Metallblock zu sehen. Beide Teile sind ständig am Auto, ich könnte also meinen, daß es sich um *notwendige* Teile handelt. Kann ich diese Vermutung prüfen? Nun, sind die Teile notwendig, so könnte ein System *ohne* diese *kein* Auto sein. Also werde ich das tun, was Kinder tun, die ein Spielzeug „kaputt" machen, um zu erfahren, wann es aufhört, dieses Spielzeug zu sein: Nehme ich den Metallblock aus dem Auto heraus, so kann es nicht mehr mit eigener Kraft fahren. Ich erfahre, daß der Block den „Motor" enthält und damit ein notwendiges Teil ist. Entferne ich andererseits den Ringstern („Mercedesstern") von der Motorhaube, so ändert sich am Funktionieren des Autos nichts, der Ringstern ist *kein* notwendiges Teil am Auto. Ähnlich finde ich, daß Räder, Bremsen, Lenkung usw. *notwendige* Teile eines Autos sind. Umgekehrt: Motor, Räder, Bremsen und Lenkung allein machen noch kein Auto. Sie sind notwendige, aber nicht auch *hinreichende* Bedingungen. Hinreichend ist eine Klasse von Bedingungen erst dann, wenn damit ein Auto gewissermaßen hergestellt, *rekonstruiert* werden kann. Allgemein: indem ich in dieser Weise durch „Systemanalyse" die notwendigen und hinreichenden Bedingungen eines Systems aufsuche, gewinne ich *vollständige* Systeminformation. Nur notwendige oder nur hinreichende Bedingungen genügen der Vollständigkeitsforderung dagegen nicht: Einzelne notwendige Bedingungen brauchen nicht schon hinreichend zu sein (es fehlen dann andere notwendige Bedingungen), andererseits aber brauchen hinreichende Bedingungen nicht auch sämtlich notwendig zu sein („überflüssige" Teile wie z. B. der Ringstern auf der Motorhaube). Die Vollständigkeitsforderung der Systemanalyse, die Forderung also, daß die hinreichenden Bedingungen keine überflüssigen, sondern genau nur die notwendigen Bedingungen decken sollen, sichert erst die *„Trennschärfe"* *der Systemanalyse,* d. h. die Möglichkeit, das analysierte System „trennscharf" von anderen, nicht interessierenden Systemen zu unterscheiden.

N Modell

N 1 Es soll nun versucht werden, die zunächst nur am Beispiel verdeutlichten Zusammenhänge in einer mehr begrifflichen Form zu entwickeln. Die Systemanalyse enthält offensichtlich ein *konstruktives* Element: denn sie geht so vor, daß sie das zu analysierende System in wesentlichen Zügen zu *rekonstruieren* versucht, anders gesagt: die Analyse konstruiert ein *Modell* des zu analysierenden Systems. Das gilt bereits für das Herausnehmen des Motorblocks im Autobeispiel. Was dabei entsteht, ist ja ein künstlich hergestelltes System mit einer ganz bestimmten Eigenschaft, nämlich der, keinen Motor zu besitzen. Aber dieses künstliche System funktioniert nun nicht mehr als Auto, und daraus folgt: ein System, das als Auto funktionieren soll, muß einen Motor besitzen. Die vorgegebene primitive Definition eines Autos ist auf diese

Weise konstruktiv erweitert worden. Unter Verwendung des Modellbegriffs kann das jetzt auch so formuliert werden: Das ursprünglich
vorgegebene Automodell ist durch eine differenziertere Modellkonstruktion ersetzt worden. Das „Sammeln" von Erfahrungen, genauer das Auf-
suchen der notwendigen und hinreichenden Systembedingungen, geschieht also in der Weise, daß Umgangserfahrungen am jeweils *vorgegebenen* Modell durchgespielt, zusammengenommen und zu einer *neuen*
Modellkonstruktion verbunden werden. In diesem Sinne ist der Erfahrungsprozeß ein Konstruktionsprozeß, eine Methode des Findens durch
Erfinden. Neue Erfahrungen werden an dem vorgängig verfügbaren
Modell geprüft. Das Ergebnis der Prüfung führt zu einer Modifizierung
desselben, und das so erstellte neue Modell kann nun seinerseits als Leitfaden und Maßstab für neue Erfahrungen in Funktion treten, usw.

N 2 Was hierbei zunächst deutlich wird, ist das eigentümliche Hin und
Her im Erfahrungsprozeß, das Wechselspiel von Theorie und Praxis als
konstruktivem Entwurf und verifizierender Überprüfung. Historisch ist
anzumerken, daß dieser *Prozeß*charakter von Erfahrung, Erfahrung
„als Bewegung und Werden", erstmalig von Hegel in aller Schärfe
charakterisiert worden ist. Wir zitieren einige Sätze aus der Einleitung
zur „Phänomenologie des Geistes": In dem Vorbegriff dessen, was das
Bewußtsein für „das Wahre erklärt, haben wir den Maßstab, den es
selbst aufstellt, sein Wissen daran zu messen. Nennen wir das *Wissen*
den *Begriff*, das Wesen oder das *Wahre* aber das Seiende oder den
Gegenstand, so besteht die Prüfung darin, zuzusehen, ob der Begriff dem
Gegenstande entspricht". „Entspricht sich in dieser Vergleichung beides
nicht, so scheint das Bewußtsein sein Wissen ändern zu müssen, um es
dem Gegenstande gemäß zu machen; aber in der Veränderung des Wissens verändert sich in der Tat auch der Gegenstand selbst, denn das
vorhandene Wissen war wesentlich ein Wissen von dem Gegenstande.
... Indem es also an seinem Gegenstande sein Wissen diesem nicht entsprechend findet, hält auch der Gegenstand selbst nicht aus; oder der
Maßstab der Prüfung ändert sich, wenn dasjenige, dessen Maßstab er
sein sollte, in der Prüfung nicht besteht" (Hegel PHÄNOMENOLOGIE
74, 71, 72). — Was ferner, unmittelbar damit zusammenhängend, sichtbar wird, ist die *konstruktive* Aktivität im Vollzug von Erfahrung.
Dies ist kein passives Hinnehmen, sondern gezielte, explorative Aktion,
die sich im wissenschaftlichen Bereich als „Experiment" oder allgemeiner:

als „Forschung" vollzieht. Das Modell ist kein statisches „*Abbild*" einer statischen Wirklichkeit, sondern *konstruktiver Wirklichkeitsvollzug*. Sehr erhellende Formulierungen, die gerade diesen Aktivitätsaspekt in dem als Forschung charakterisierten Erfahrungsprozeß sichtbar machen, finden sich wiederum in Poppers „Logik der Forschung": „Experimentieren ist planmäßiges Handeln, beherrscht von der Theorie. Wir stolpern nicht über Erfahrungen, wir lassen sie auch nicht über uns ergehen wie einen Strom von Erlebnissen, sondern wir *machen* unsere Erfahrungen; *wir* sind es, die die Frage an die Natur formulieren, *wir* versuchen immer wieder, die Frage mit aller Schärfe auf „Ja" und „Nein" zu stellen — die Natur antwortet nicht, wenn sie nicht gefragt wird — und schließlich sind es ja doch nur *wir*, die die Frage beantworten; wir setzen die Antwort fest, nach der wir die Natur fragten, wenn wir die Antwort streng geprüft, uns lange und ernsthaft bemüht haben, die Natur zu einem eindeutigen „Nein" zu bewegen" (Popper FORSCHUNG 224 f).

N 3   Von der Funktion her, die dem Modell im Erfahrungsprozeß zukommt, ist so der eigentümliche Vollzugscharakter von Erfahrung, Erfahrung als *Forschung* verstanden, einsichtig geworden. Vom Modellbegriff her lassen sich nun weitere charakteristische Züge von Erfahrung klären — was hier freilich ebenfalls nur umrißhaft geschehen kann: Das Modell als künstliche Konstruktion erstellt aus vielen Einzelbestimmuungen eine Art Gesamtansicht des untersuchten Systems, das in solcher *Totalität* gar nicht direkt Gegenstand von Erfahrung sein könnte. Unter diesem Aspekt wird die Funktion der sog. „theoretischen" Begriffe oder begrifflichen Konstrukte, für die eine empirische Deutung nicht direkt und nicht vollständig gebbar ist (vgl. L 5), in einer neuen Hinsicht deutlich: Das Modell rekonstruiert den Gesamtzusammenhang, der empirisch immer nur *punktuell*, nie im ganzen zugänglich ist. Nur als modellhafte Konstruktion, als Synthese vieler einzelner, beschränkter Erfahrungen, ist der Systemzusammenhang als Totalität gebbar. Und weiter: als „Konstruktion" ist der Systemzusammenhang wesentlich Konstruktions-„Anweisung", Operationsanweisung für das Konstruieren, und als solche *reproduzierbar*, d. h. beliebig verfügbar, der situativen Zufälligkeit enthoben und insofern *allgemein*. Im Modell wird die Erfahrung einer an sich allgemeinen Bestimmung (vgl. M 5 f) als Operationsanweisung gefaßt, dadurch *allgemeine* Erfahrung, Gesetzeswissen oder „Begriff" einer Sache. Die Erfahrung hat damit den „historischen" Charakter abgelegt, sie gilt jetzt ebensosehr für die Zukunft, das Empirische ist gleichsam ins Allgemeine „eingeholt" worden, und insofern ist das Modell *auch* die Basis für *Prognosen,* für Voraussagen über das zukünftige Verhalten eines Systems.

N 4   Aus dieser Leistung des Modells ergibt sich zugleich ein Kriterium für seine Überprüfung: Adäquat kann das Modell eines Systems nur dann sein, wenn es *Voraussagen* über das Verhalten des Systems ermöglicht. Gelingt das nicht, so funktioniert die Konstruktion nicht als *Modell* und muß modifiziert werden. Und da sie, als selbst hergestellte Wirklichkeit, gleichsam „durchsichtig" ist, muß sie auch zeigen (im Prinzip jedenfalls), wo der Fehler steckt, wo modifiziert werden muß. Und mit dem „Wo", dem Stellenwert im Modellgefüge, ist zugleich ein Hinweis, *wie* modifiziert werden muß, gegeben. Die Modifizierung geschieht zunächst hypothetisch und muß daher nach dem angegebenen Kriterium auf ihre Adäquatheit hin überprüft werden. Mit anderen Worten: Konstruktion und Überprüfung einer Hyopthese geschehen im Rahmen einer Modellkonstruktion, die in diesem Prozeß ihrerseits modifiziert wird,

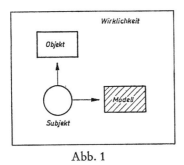

Abb. 1

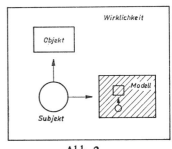

Abb. 2

Hypothese und Modell stehen in einem wechselseitigen Approximationsprozeß (auf dessen nähere Charakterisierung hier verzichtet werden kann).

N 5   Im Sinn von „Konstruktion" liegt, so hatten wir festgestellt, daß sie „durchsichtig" ist, denn sie ist mein eigenes Werk, und insofern sollten mir ihre Bedingungen vollständig bekannt sein. Sobald sich meiner Kontrolle entzogene Bedingungen einschleichen, liegt keine *reine* Konstruktion mehr vor, d. h. an diesem Punkte ist die Durchsichtigkeit der Erfahrungserkenntnis gestört. Erfahrung machen heißt deshalb wesentlich auch, die Bedingungen solcher Erfahrung *kontrollieren*. Nun ist in aller Erfahrung der Erfahrende selbst notwendig mitbeteiligt. Er selbst gehört damit zu den Bedingungen, die der Kontrolle unterzogen werden müssen. Ich sehe eine Farbe, aber vielleicht bin ich farbenblind und übersehe objektiv vorhandene Farbdifferenzen? Ich höre Geräusche, aber vielleicht ist mein Gehörorgan nicht in Ordnung? Aber nicht nur Sinnestäuschungen, auch Vorurteile, Wunschtendenzen usw. müssen den Er-

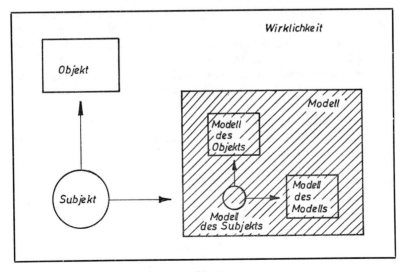

Abb. 3

fahrungsprozeß verzerren. Ich muß also nicht nur das Modell, sondern auch mich selbst kontrollieren. Ich muß über meine Situation Rechenschaft ablegen können, ich muß sie ausweisen, d. h. rekonstruieren können. Kurz, die modellhafte Rekonstruktion eines Erfahrungsobjekts enthält noch unkontrollierte Bedingungen, solange das „Subjekt" des Erfahrungsprozesses nicht in diese Rekonstruktion mit einbezogen ist. Das Modell eines Systems ist solange noch kein vollständiges Modell, wie es nur ein Modell des *Systems* ist, siehe Abb. 1. Das Modell muß zu einem Modell der *gesamten* Erfahrungssituation erweitert werden, d. h. es muß wesentlich *auch* die Relation zwischen Erfahrungsobjekt und Erfahrungssubjekt zur Darstellung bringen, wie Abb. 2 dies schematisch anzudeuten versucht. — In den „exakten" Wissenschaften geschieht diese Modellierung des Erfahrungssubjekts in einer ersten primitiven Form durch Einschaltung von Registrierapparaturen, die gleichsam eine *Normierung* des „Erfahrungssubjekts" leisten und dadurch „Objektivität" im Sinne kontrollierter (und somit auch reproduzierbarer) Bedingungen auf der Seite des Erfahrungssubjekts garantieren.

N 6   Bei der Betrachtung von Abb. 2 fällt auf, daß hier „Wirklichkeit" und „Modell" strukturmäßig immer noch differieren: Das Modell zeigt die Relation zwischen Erfahrungssubjekt und Erfahrungsobjekt, aber es zeigt nicht, welche Rolle *es selbst* im Erfahrungsprozeß spielt — eine, wie deutlich geworden ist, nicht zu vernachlässigende Rolle. Das heißt, auch Abb. 2 ist noch kein adäquates Modell des Erfahrungsprozesses, sondern muß in einer wesentlichen Hinsicht erweitert werden: Das Modell muß noch mit einem *Modell seiner selbst* ausgestattet werden, um so auch die eigene Funktion noch darstellen zu können — daß es selbst *Modell* und als solches Orientierung, Leitfaden und Vorverständnis im Umgang mit Wirklichkeit ist (angedeutet in Abb. 3). Und daß der Erfahrungsprozeß, der in dieser Weise durch das Modell erst ermöglicht und betätigt ist, zu neuen Erfahrungen führt und das Modell dadurch zugleich verändert (vgl. N 1). Diese Funktion des Modells, eben *Modell* zu sein, muß das Modell, soll es adäquat sein, selbst noch mitmodellieren. — Nahegelegt durch die bildlich-unbegriffliche Darstellung könnte hier wohl die Frage entstehen, ob das geforderte „Modell des Modells" nicht auch ein „Modell des Modells des Modells" enthalten müsse, und so fort ins Unendliche. Ein Progreß ad infinitum scheint unvermeidlich zu sein. Eine kurze Überlegung mag diese Befürchtung vorläufig zerstreuen. Das Modell, so hatten wir gesehen (vgl. N 3), soll *allgemeine* Züge eines Objekts repräsentieren. Aber das heißt gerade nicht, daß dieses *bestimmte* Objekt naturgetreu *wiederholt* werden sollte. Die Wiederholung wäre ja kein *Modell* des Objekts, sondern das Objekt noch einmal. Und das gilt nun auch für das Modell des Modells: Das bestimmte Modell$_1$ eines bestimmten Objekts soll im Modell$_2$ des Modells$_1$ nicht quasi abbildlich wiederholt werden. Dies wäre nur noch einmal das Modell$_1$ des *Objekts*, nicht aber ein Modell$_2$ des *Modells*$_1$. Dem Modell$_2$ des Modells$_1$ kommt vielmehr die Bestimmung zu, das *in beiden* anzutreffende *Allgemeine*, „das Modellhafte" sozusagen, zu repräsentieren: Das Modell des Modells ist so eher als ein *Zeichen*, dem die Bedeutung „modellhaft" zugeordnet ist, denn als bloßes Duplikat zu deuten. — Im Blick auf den ohnehin mehr skizzenhaften Charakter der hier vorgetragenen Überlegungen soll diese Frage jetzt nicht weiterverfolgt werden. Wir nehmen damit den Hauptgedanken wieder auf: daß ein Modell, das adäquat sein soll, seine Modellfunktion selbst mitmodellieren muß.

N 7 Was geschieht, wenn diese Forderung nicht erfüllt ist? Das Modell wird dann „naiv" aufgefaßt. Es wird für die Sache selbst genommen, die registrierende Apparatur (vgl. N 5) oder das gängige Vorurteil werden *kritiklos* eingesetzt. Dieser Kritiklosigkeit entgeht, daß das Modell nicht ein Unbedingtes, sondern selbst auch schon *Resultat* des Erfahrungsprozesses, d. h. durch diesen bedingt ist. Das Modell ist eine durch Erfahrung motivierte, künstlich konstruierte Wirklichkeit, die neue Erfahrung möglich macht und durch diese zugleich modifiziert wird. Erst wenn das Modell diese seine Funktion im Erfahrungsprozeß mitmodelliert, ist es „vollständig" in dem gleichsam paradoxen Sinne, daß es die *Offenheit* für weitere Vervollständigung ebenfalls noch zur Darstellung bringt. Ein *solches* Erkennen erkennt zugleich, daß es nicht absolutes Wissen, sondern Resultat eines nicht voraussetzungsfreien Prozesses ist. Dieses Erkennen weiß sich bedingt durch vorgegebene Interessen, sozioökonomische Verhältnisse, Sprachformen, durch das Vorverständnis von der Sache wie auch durch Vorurteile, Wunschtendenzen usw. So kommen auch die Bedingungen zum Vorschein, die das Erkennen selbst schon mitbringt, in der naiv sachbezogenen Einstellung aber nicht bemerkt. Das „kritische" Erkennen weiß um die Bedingtheit seiner Ergebnisse — und kann sich *daher* immer wieder aus ihr *lösen*: Es kennt das Risiko einer Verabsolutierung seiner Ergebnisse, begnügt sich darum nicht mit diesen, sondern treibt den Prozeß weiter, treibt „Forschung". Es weiß, daß dieser Prozeß unabgeschlossen, prinzipiell unabschließbar und deshalb für die Möglichkeit einer fortgesetzten Erweiterung des Wissens offen ist — das nach allen Richtungen hin offene Forschungsfeld.

N 8 Zum Begriff des „Modells" eine Anmerkung: Dieser Begriff ist hier umgangssprachlich, ohne terminologische Differenzierung, verwendet worden. Denn im Rahmen dieser Arbeit interessiert ganz pauschal die wirklichkeitsvermittelnde Funktion, die dem Modell im Erfahrungsprozeß zukommt. Ebenso ist auf eine nähere Bestimmung dessen, was hier jeweils unter „Wirklichkeit" und entsprechend unter „Erfahrung" zu verstehen ist, verzichtet worden. Natürlich gibt es verschiedene „Arten" von Wirklichkeit und korrelativ dazu verschiedene Formen der Wirklichkeitserfahrung und entsprechend auch verschiedenartige Modelltypen. Ein Bild ist ein Modell, ebenso eine Landkarte, eine Kindereisenbahn, eine Puppe, aber auch eine Wirtschaftstheorie, eine Kunsttheorie, eine Ideologie, ja bereits jede sprachliche Form und überhaupt jede Art von „Information": Alles das mag „Modell" genannt werden, insofern ihm eine wirklichkeitsvermittelnde Funktion zukommt. Gegenüber dieser funktionalen Charakterisierung „wirklichkeitsvermittelnd" sind die Besonderheiten verschiedener Modelltypen hier außer betracht geblieben. Wirklichkeitsvermittelnd aber ist das Modell durch

(1) seine wirklichkeitsaufschließende Funktion (Leitfadenfunktion des vorgegebenen Modells, Vorverständnis usw.),

(2) seine wirklichkeitsaneignende Funktion: das Modell als selbst konstruierte und insofern durchschaute Wirklichkeit,

(3) seine synthetische Funktion: In der Konstruktion sind viele einzelne Erfahrungen zusammengenommen und verbunden. Dadurch wird die Beschränktheit der Einzelerfahrung überwunden und Systeminformation möglich.

N 9 Wir fassen kurz zusammen. Die vorstehenden Überlegungen zum Induktionsproblem und Modellbegriff versuchten umrißhaft zu klären, ob und wie Systeminformation im Erfahrungsprozeß möglich ist. Mit der positiven Antwort auf diese Frage ist zugleich auch die Möglichkeit relevanter Wahrscheinlichkeitsaussagen dargetan, d. h. die Möglichkeit, das Risiko einer Hypothese verbindlich zu beurteilen. Der höchstmögliche Grad von Verbindlichkeit ist aber solange nicht erreicht, solange die

Modellhaftigkeit der Systeminformation nicht ebenfalls zum Ausdruck kommt. Erst wenn das endliche Wissen die eigene Endlichkeit mitbedenkt, ist es selbstkritisch und verbindlich *in* seiner Endlichkeit. — Um diese allgemeinen Erörterungen zu konkretisieren, wollen wir uns jetzt dem Phänomen der *Sprache* zuwenden. Wenn nämlich, wie angedeutet, das Modell wesentlich durch seine wirklichkeitsvermittelnde Funktion charakterisiert ist, dann muß Sprache als eine besondere und zugleich ausgezeichnete Form von Modell bestimmt werden. Ausgezeichnet deshalb, weil erst Sprache Repräsentation und Deutung von Wirklichkeit in geradezu „wirklichkeitsüberfliegender" Universalität und Freiheit ermöglicht oder jedenfalls intendiert. Ferner kann auch das Problem des „Modells, das ein Modell seiner selbst enthält", am Beispiel der Sprache rekonstruiert werden: als „Sprache, die über sich selbst spricht". — In diesem Sinne soll zunächst allgemein die Frage des Wirklichkeitsbezugs von Sprache oder kurz des „Sprachbezugs" thematisiert und dann (in Kapitel P) insbesondere das dabei auftretende Problem des sprachlichen Selbstbezugs erörtert werden.

O   Zum Problem des Sprachbezugs

O 1   Wir betrachten ein syntaktisches System, einen Formalismus also, der Zusammenhänge (z. B. eines Wirklichkeitsbereichs) rein syntaktisch repräsentiert. In der kritischen Auseinandersetzung mit Carnaps „Logischer Syntax der Sprache" war deutlich geworden, daß ein solcher Formalismus in einem „pragmatischen" Sinne „unvollständig" sein muß. Das ist jetzt, vom Begriff „Modell des Modells" her, leichter zu verstehen: Denn selbst wenn der Formalismus die *gesamte außer*sprachliche Wirklichkeit repräsentieren würde, wäre er immer noch unvollständig, insofern er sein eigenes *Verhältnis zur* außersprachlichen Wirklichkeit nicht mitrepräsentiert, mit anderen Worten, er unterschlägt alle die Beziehungen, die zwischen ihm und der außersprachlichen Wirklichkeit bestehen, obwohl diese zu einer *vollständigen* Beschreibung der außersprachlichen Wirklichkeit eben *auch* dazugehören würden. Diese Beziehungen sollen hier näherungsweise mit Bezeichnungen wie „Sprachbezug", „Sprachpraxis" usw. umschrieben werden. Indem der Formalismus diese an der außersprachlichen Wirklichkeit ansetzenden Relationen unterschlägt, hat er nicht einmal die Möglichkeit, eine „außersprachliche" von einer „sprachlichen" Wirklichkeit, von ihm selbst also, zu unterscheiden. Für Wittgensteins TRAKTAT müssen Sprache und Wirklichkeit insofern zusammenfallen (vgl. Kapitel E). Ein solcher Formalismus ist „bloß formal", da er sich nicht selbst als ein Stück Wirklichkeit *in* der Wirklichkeit darstellen kann. Er ignoriert seine „Außenbezüge", sein In-die-Wirklichkeit-eingebettet-sein: eine Sprache also, die keinen Ausdruck für das, was sie selbst ist, besitzt, die nicht aussprechen kann, daß sie selbst „Sprache", d. h. repräsentierend und nicht identisch mit der von ihr repräsentierten Wirklichkeit ist. — Zur Verdeutlichung sei darauf hingewiesen, daß die in der Syntax verwendeten sprachlichen Kategorien wie „Individuenkonstante", „Prädikat", „Satz" usw. *sprachimmanente* Bestimmungen sind zur Charakterisierung der Beziehungen zwischen Zeichen, nicht etwa zwischen Zeichen und bezeichneter Wirklichkeit: Die Syntax enthält wohl sprachliche Kategorien, aber keine Kategorien zur Charakterisierung von „Sprachlichkeit".

O 2   Um das Gemeinte noch einmal an einem improvisierten Beispiel, das der Richardschen Antinomie nachgebildet ist, zu verdeutlichen, betrachten wir den Satz „A hängt nicht mit B zusammen". Auch hier gilt (vgl. G 10 f), daß durch die Formulierung eines sachlich *nicht* bestehenden Zusammenhanges in anderer, nämlich sprachlicher Hinsicht, eben *doch* ein Zusammenhang hergestellt wird. Kann nun die sachliche und die sprachliche Hinsicht nicht auseinandergehalten werden, so entsteht der Widerspruch, daß ein Zusammenhang besteht und zugleich nicht besteht. In der Theorie der formalen Sprachen war das Problem durch die Unterscheidung von Objekt- und Metasprache beseitigt worden. Die *sachliche* Aussage „A hängt nicht mit B zusammen" ist hiernach eine objektsprachliche Formulierung, deren *Sprachlichkeit* erst in der Metasprache thematisiert werden kann, etwa in der Form „ ‚A hängt nicht mit B zusammen'" (mit Anführungszeichen ‚...' innerhalb der Anführung, womit hier angedeutet sein soll, daß es sich jetzt nicht um die sachliche Aussage des objektsprachlichen Satzes handelt, sondern um ein bloßes Zitat, die metasprachliche „Erwähnung" des Satzes als Satz). — Gleichwohl: daß diese Methode, die sachliche und die sprachliche Hinsicht durch übereinandergeschichtete Sprachstufen zu trennen, keine echte Lösung ist, zeigt sich daran, daß für die Metasprache grundsätzlich wieder dasselbe Problem auftritt, was zur Konstruktion einer Metametasprache nötigt, usw. Das Problem ist nicht gelöst, sondern nur fortgesetzt verschoben, ein Umstand, der im Bereich der Mathematik bereits von Gödel als "incompleteness in all formal systems of mathematics" konstatiert worden war. Wird nämlich ein solches System so erweitert, daß die ursprünglich unentscheidbaren Sätze des Systems entscheidbar werden, then "we obtain a sequence (continuable to the transfinite) of formal systems ... however, in the higher systems we can construct other undecidable propositions by the same procedure, and so forth" (Gödel UNENTSCHEIDBAR 610, 617). Im Anschluß an diese Resultate Gödels hat dann vor allem Tarski diese Untersuchungen in einem allgemeineren Rahmen und im Zusammenhang mit dem Wahrheitsproblem fortgeführt (Tarski, „Das Wahrheitsproblem in den formalisierten Sprachen"). Man vergleiche hierzu auch die sehr ausführliche und instruktive Darstellung bei Stegmüller (WAHRHEITSPROBLEM).

O 3 Die Konfrontation mit dem Unvollständigkeitsproblem formaler Sprachen hatte, wie in Teil II dieser Arbeit dargestellt, für Carnap den Übergang zur Semantik zur Folge und führte dort konsequent zu der These, daß jeder sprachliche Ausdruck *zwei* Dimensionen besitzt, eine logische und eine faktische, Intension und Extension. Unter dem hier betrachteten Aspekt bedeutet diese Unterscheidung, daß jetzt zwar negativ die *Differenz* von Sprache und Wirklichkeit zur Geltung kommt. Was aber völlig ungeklärt bleibt, ist positiv die *Beziehung* beider Dimensionen. Nach Carnaps Ansatz „hat" jeder Ausdruck Intension und Extension, und ihre Beziehung besteht in einer bloßen „Entsprechung". Offen bleibt, wie dieses Entsprechen sich realisiert, wie die Vermittlung gelingen kann, die gerade das Wesentliche des Sprachbezugs ausmacht. Die im nächsten Schritt entwickelte „induktive Logik" *meint* zwar dieses Problem der Vermittlung von Intension und Extension. Aber eine Lösung kann nicht gelingen, gerade weil die semantische Dualität von Intension und Extension als absoluter Gegensatz fixiert wird.

O 4 Um dieser Kritik mehr Gewicht zu geben, soll wenigstens umrißhaft anzudeuten versucht werden, wie ein leistungsfähiges Sprachsystem wohl beschaffen sein müßte, ohne doch in die Aporetik der Metasprachenhierarchie zu geraten. Wie sich gezeigt hat, muß ein solches System die Möglichkeit haben, jeden Ausdruck, der ein Sachobjekt repräsentiert, zugleich als *Sprach*gebilde von diesem Sachobjekt zu unterscheiden. (Dies aber nicht in dem Sinne, daß der Ausdruck diese beiden Hinsichten schlicht „hat", vielmehr muß sichtbar gemacht werden, wie er sie im Repräsentieren gleichsam entwickelt). Würde das repräsentierte Sachobjekt nicht unterschieden von dem es repräsentierenden Sprachausdruck, so wäre auch das Sachobjekt nicht vollständig repräsentiert, denn dieser Unterschied besteht ja und muß daher ebenfalls ausgedrückt werden können. Aber auch die bloße Konstatierung eines Unterschieds genügt noch nicht. Zur vollständigen Repräsentation eines außersprachlichen Objekts gehört auch der Aufweis, wie ein solches Objekt „sprachlich", d. h. durch etwas anderes als es selbst, repräsentiert werden kann. Es muß geklärt werden, was „Repräsentieren" überhaupt meint, wie es möglich ist, möglicherweise eine Verfälschung des Objekts bedeutet usw. Mit anderen Worten, ein sprachliches System der Wirklichkeit, das in einem pragmatischen Sinne vollständig zu sein beansprucht, muß eine Theorie der „sprachlichen Wirklichkeit" mit einschließen. Und dies nicht als bloße Analyse sprachimmanenter, syntaktisch-semantischer Strukturen, sondern vorrangig als pragmatische Theorie des „Sprachbezugs", Repräsentation des Vermittlungsprozesses, der durch den Sprecher hindurch auf dessen Praxis und darin auf außersprachliche Wirklichkeit bezogen ist, in diesem Prozeß selbst modifiziert wird, in sich zurückläuft und wieder Sprache wird. Damit diese nur eben angedeutete Wechselbeziehung zwischen Sprache und Wirklichkeit selbst noch sprachlich ausgedrückt werden kann, muß die Sprache gerade solche Bestimmungen wie „Sprache", „außersprachliche Wirklichkeit", „Sprecher", „Sprachbezug", „Außenbezug von Sprache" usw. enthalten. Hier liegt deutlich ein Sonderfall dessen vor, was vorher allgemein als Modell des Modells charakterisiert worden war, Modell, das seinen Außenbezug noch einbezieht und modellmäßig repräsentiert.

O 5 Man könnte geneigt sein, die Vervollständigung des Modells durch ein Modell seiner selbst für einen verspielten oder pedantischen Zug zu halten, für einen belanglosen Anhang ohne wirkliche Relevanz. Aber das wäre eine Mißdeutung. Am Beispiel der Sprache kann das leicht verdeutlicht werden. Ein Sprachsystem, das den eigenen Außenbezug mitrepräsentiert, indem es sich selbst repräsentiert, „Selbstrepräsentanz" besitzt, wie wir kurz sagen wollen, unterscheidet sich nicht etwa nur in diesem *einen* Punkt, sondern in *allen* Punkten von einem Sprachsystem ohne „Selbstrepräsentanz". Warum? Weil Selbstrepräsentanz eine Umzentrierung des gesamten Sprachgefüges bedeutet und sich dadurch potentiell auf *jeden* Ausdruck auswirkt. Wir ziehen noch einmal das in O 2 betrachtete Beispiel heran, das der Richardschen Antinomie nachgebildet ist. Wenn von zwei Ausdrücken, A, B, des Sprachsystems gesagt wird: „A hängt nicht mit B zusammen", so widerspricht diese Aussage in gewissem Sinne unmittelbar sich selbst, denn *sie selbst* stellt ja einen Zusammenhang zwischen A und B her, freilich keinen sachlichen, sondern einen sprachlichen Zusammenhang, was aber formal nicht unterschieden werden kann (jedenfalls nicht ohne die Einführung von „Sprachstufen") und in diesem Sinne widersprüchlich wird (vgl. G 12). Um den Widerspruch zu beseitigen, pflegt, wie früher angedeutet, die Unterscheidung von Objekt- und Metasprache eingeführt zu werden, so daß jetzt die Sprachlichkeit der Objektsprache in der Metasprache thematisiert werden kann. Aber dann tritt dasselbe Problem und mit ihm der Widerspruch für die Metasprache auf, was zur Konstruktion einer Metametasprache nötigt, usw. Bei diesem Vorgehen bleibt somit nur die Wahl zwischen dem formalen Widerspruch und dem unendlichen Progreß übereinandergeschichteter Metastufen. In einem System mit Selbstrepräsentanz dagegen ist diese fatale Alternative bereits im Ansatz vermieden. Indem jeder Ausdruck sich immer auch vor der selbstrepräsentierenden Instanz des Systems auszuweisen hat, muß er seine *Sprachlichkeit* zeigen. Und indem so die Sprachlichkeit eines Ausdrucks *als solche* hervortritt, ist sie von gegenständlichen Hinsichten unterschieden und kann nicht mehr fälschlich mit diesen identifiziert und verwechselt werden.

O 6   Welche ganz neuen Möglichkeiten einem System mit Selbstrepräsentanz gegenüber dem reinen Formalismus zuwachsen, kann zunächst an Formen der indirekten Aussage veranschaulicht werden. Man denke z. B. an das Phänomen der „übertragenen" oder *metaphorischen* Bedeutung. Die Bemerkung etwa, daß Meyers ein „süßes" Kind haben, wird unmittelbar verstanden, obwohl „süß" primär als Geschmacksbestimmung definiert ist. Wie geschieht ein solches Verstehen? Das in semantischer Hinsicht unstimmige Bild (ein Kind „schmeckt" nicht süß) läßt den Hörer zunächst „stutzen", d. h. er sieht sich genötigt, sein *Verhältnis zur Sprache* zu überprüfen. Er muß sich fragen, ob die semantische Unstimmigkeit möglicherweise durch Versehen, Irrtum, mangelnde Sprachkenntnis usw. entstanden sein kann. Ist das nicht der Fall, so bleibt der Sprachsinn zunächst problematisch: Der gehörte Satz beschreibt keine semantisch zulässige Situation, trotzdem wurde er formuliert, und zwar von einem Sprecher, von dem anzunehmen ist, daß er die gemeinsame Sprache beherrscht, also dieselbe Semantik wie der Hörer verwendet. Aber dann bleibt nur noch die Möglichkeit, daß der semantisch unstimmige Satz nicht fälschlich, sondern *absichtlich gegen* die Semantik formuliert worden ist, mit anderen Worten, er darf weder naiv als Repräsentant von Wirklichkeit noch schlicht als falsch genommen werden. Sein Wirklichkeitsbezug ist nicht fertig mitgegeben, vielmehr problematisch, deutungsbedürftig und allerdings, wie das Absichtsvolle der Formulierung anzeigt, einer Deutung in der Tat auch fähig. Damit ist klar, daß „süß" in der Verbindung mit „Kind" nicht sensu stricte, sondern gleichsam „modellhaft" zu nehmen ist: als *Beispiel* einer angenehmen Empfindung, als Ausdruck des Wohlgefallens usw. — Die skizzierte Auslegung hat vielleicht schon deutlich machen können, inwiefern der so vollzogene Verstehensprozeß überhaupt nur im Rahmen sprachlicher Selbstrepräsentanz möglich ist: Der Hörer „stutzt" zunächst, d. h. er findet sich genötigt, den gehörten Satz *in seiner Sprachlichkeit* zu thematisieren, um dessen „Außenbezug" zu Sprecher und Hörer hin zu überprüfen. Der Satz ist damit *als* sprachliche Form, d. h. in seiner *Differenz* zur Wirklichkeit zugleich als *Modell* von Wirklichkeit verstanden und dadurch in einen Deutungsprozeß hineingezogen, der den Wirklichkeitsbezug nun herzustellen versucht.

O 7 Ähnlich im Fall des *ironischen* Sprechens. Ich versichere, ein guter Skifahrer zu sein, will das vorführen, stürze aber — Kommentar meines Freundes: „Du kannst wirklich gut fahren". Der ironische Sinn dieser semantisch „falschen" Aussage wird unmittelbar verstanden. Ich weiß, daß mein Freund und ich dieselbe Semantik haben und daß auch er das weiß. Daß er trotzdem *gegen* die Semantik spricht, signalisiert eine Absicht. Genauer: durch die Optik der selbstrepräsentierenden Instanz gesehen, erscheint der Satz nicht schlicht als „falsch", sondern als ein Sprachgebilde, das gerade in der widersprüchlichen *Abhebung* von der Situation eine *Deutung* derselben geben soll. Um diese Deutung herauszufinden, muß die Gesamtsituation mit dem Satz konfrontiert werden, wobei sich herausstellt, daß dieser Satz meine *eigene* Behauptung, ich sei ein guter Skifahrer, wiedergibt. Die Absicht des Satzes ist damit deutlich: er konfrontiert mein wirkliches Können mit meinem behaupteten Können und macht dadurch indirekt die Diskrepanz von Anspruch und Wirklichkeit sichtbar. Diese als „Ironie" bezeichnete Ausdrucksform drückt somit eine Kritik aus, die aber durch den Bezug auf meinen eigenen Anspruch immanente Kritik und deshalb, im Gegensatz zu „Hohn" etwa, nur eine milde Konfrontation signalisiert. — Diese beiden Beispiele für Formen des indirekten Sprechens mögen genügen. Andere Phänomene wie der Witz, der Reim, überhaupt poetische Formen der Aussage können ähnlich analysiert werden. Charakteristisch ist in jedem Falle, daß die „natürliche" Sprache, die diese Phänomene hervorbringt, in ein Verhältnis zur eigenen Sprachpraxis, d. h. sprachlich zu sich selbst und zur kommunikativen Situation in ein Verhältnis treten kann. Diese „pragmatische" Dimension, ermöglicht durch sprachliche Selbstrepräsentanz, gibt der natürlichen Sprache die eigentümliche Flexibilität, jede vorgegebene Semantik immer noch überbieten zu können und für die schöpferische Erweiterung unendlich offen zu sein: Nur in *diesem* Sinne wohl kann eine Sprache letztlich „*vollständig*" sein — nicht im Sinne von „fertig", sondern von „sich verfertigen können", „sich fortgesetzt vervollständigen können".

O 8 Wenn „formal" weiterhin mit „pragmatisch unvollständig" (im Sinne des unterschlagenen Außenbezugs) assoziiert werden soll, dann ist das hier anvisierte „selbstrepräsentierende" Sprachsystem nicht mehr formal zu nennen. Dieses System steht nicht mehr beziehungslos für sich, sondern, indem es sich von der „Außenwirklichkeit", in der es steht, ausdrücklich unterscheidet, drückt es zugleich die eigene Beziehung zu ihr mit aus. Es stellt sich selbst als *ein Stück Wirklichkeit* im Gesamtzusammenhang der Wirklichkeit dar. Durch diese Mitmodellierung des Außenbezugs kann der zwischen Sprache und außersprachlicher Wirklichkeit statthabende Vermittlungsprozeß nun thematisiert werden — jener Vermittlungsprozeß, der die „Zuordnung" von Sprachausdruck und Sprachobjekt überhaupt erst realisiert. Nur die realisierte Zuordnung sichert dem Zeichen Zugriff, Verbindung zum Gegenstand, „Verbindlichkeit". Nur über die realisierte Zuordnung kann der Gegenstand im Zeichen anwesend, das Zeichen selbst dadurch gehaltvoll, inhaltlich sein. Und ein System, das diese Zuordnung von Zeichen und Gegenstand als solche herausstellt, unterscheidet das Zeichen von seinem Gegenstand und charakterisiert es dadurch zugleich als gegenstandsbezogen, als inhaltsbezogenes Zeichen (im Gegensatz zum bloß formalen). — In diesem Sinne „inhaltsbezogen" und insofern „vollständig" kann also nur eine Sprache mit *Selbstrepräsentanz* sein — aber: Ist diese Bedingung überhaupt *logisch* zulässig und realisierbar? Selbstrepräsentanz heißt: metatheoretische Bezugnahme der Sprache auf sich selbst, Selbstbezug. *Selbstbezug* aber gilt als charakteristische Bedingung für das Auftreten von *Antinomien* (siehe P 4). Wenn wir jetzt ein Sprachsystem mit Selbstrepräsentanz fordern, sind Antinomien dann nicht unvermeidlich? Um diese Frage erörtern zu können, muß der zugrundeliegende Sachverhalt präziser formuliert und in einem mehr technischen Sinne analysiert werden. Das soll nun in einem abschließenden Kapitel, wenigstens ansatzweise, noch geschehen.

P   Antinomienproblem und sprachlicher Selbstbezug

P 1   Es kann im Rahmen dieser Arbeit nicht beabsichtigt sein, das Antinomienproblem historisch und systematisch umfassend zu entwickeln. (Ein Hinweis auf einschlägige Literatur: Bocheński LOGIK 448 f, Gödel RUSSELL, v. Kutschera ANTINOMIEN, Quine POINT 75 f, Quine SET, Russell PRINCIPIA 60 f). Wir können hier nur exemplarisch verfahren. Als Beispiel wählen wir die sog. *Grellingsche Antinomie* (vgl. hierzu besonders Copi LOGIC 339 f, v. Kutschera ANTINOMIEN 30 f, Stegmüller WAHRHEITSPROBLEM 35 f). Das Phänomen des widersprüchlichen Selbstbezugs eines Ausdrucks läßt sich gerade an diesem Beispiel gut studieren. Ferner werden wir zeigen, daß und wie auf die gängige Unterscheidung strikt voneinander getrennter Sprachstufen (Objektsprache, Metasprache, Metametasprache usw.) *verzichtet* werden kann, *ohne* daß der so ermöglichte Selbstbezug von Ausdrücken erneut zu Antinomien führt. — Wir geben die *Grellingsche Antinomie* zunächst in umgangssprachlicher Umschreibung wieder: Ein Ausdruck, der eine Eigenschaft bezeichnet, soll genau dann „heterologisch" heißen, wenn er diese Eigenschaft nicht selbst besitzt. Heterologisch ist z. B. der Ausdruck „einsilbig", denn er bezeichnet sich nicht selbst, er ist nicht einsilbig, sondern mehrsilbig. Der Ausdruck „mehrsilbig" ist dagegen nicht heterologisch (sondern „autologisch"), denn er bezeichnet mehrsilbige Ausdrücke und somit unter anderem auch sich selbst. Die Frage ist nun: ist der Ausdruck „heterologisch" selbst heterologisch oder nicht heterologisch? Nehmen wir zunächst probeweise an, er sei heterologisch und bezeichne somit nicht sich selbst. Andererseits: wenn „heterologisch" selbst heterologisch ist, so besitzt es offenbar *doch* die Eigenschaft, die es bezeichnet, und das heißt, es bezeichnet sich doch selbst. Es kann also nicht zutreffen, daß „heterologisch" selbst heterologisch ist. Nach dem Satz vom ausgeschlossenen Dritten bleibt dann nur die Möglichkeit, daß es *nicht* heterologisch ist, das heißt, nach der Definition von „heterologisch", daß es sich nicht nicht selbst bezeichnet, oder kurz: es bezeichnet sich selbst, besitzt also selbst die Eigenschaft, die es bezeichnet, nämlich „heterologisch", und ist damit selbst heterologisch. Mit der Annahme, daß „heterologisch" *nicht* heterologisch ist, hat sich jetzt ergeben, daß „heterologisch" *doch* heterologisch ist. Insgesamt also: Der Ausdruck „heterologisch" kann offenbar *weder* heterologisch *noch* nicht-heterologisch sein, da jede derartige Annahme ihr Gegenteil zur Folge hat und damit widerlegt ist.

P 2   Bevor wir in die weitere Diskussion eintreten, soll dieselbe Argumentation aus Gründen der Übersicht formal nachgezeichnet werden:

(1)   X bez x

möge bedeuten: „der Ausdruck X bezeichnet genau die Eigenschaft x" (aus rein optischen Gründen wird hier ein Ausdruck durch Großschreibung statt wie üblich durch Anführungszeichen als Sprachausdruck gekennzeichnet).

(2) $X \in z$

möge bedeuten: „X ist z", genauer „dem Ausdruck X kommt die Eigenschaft z zu". Damit kann das Prädikat „heterologisch" wie folgt definiert werden:

(3) $\bigwedge_{x} X \in \text{het} \longleftrightarrow (X \text{ bez } x) \wedge \neg (X \in x),$

in Worten: für alle x gilt: X ist het genau dann, wenn X die Eigenschaft x bezeichnet, aber nicht zugleich selbst x ist. Die Bezeichnungsrelation (X bez x) kann (im Sinne einer selbstverständlichen Nebenbedingung) einfachheitshalber weglassen werden. Wird nun für die Eigenschaftsvariable x insbesondere die Eigenschaft het substituiert und für den zugehörigen Ausdruck X parallel dazu HET, so ergibt sich mit (3) die Kontradiktion

(4) $\text{HET} \in \text{het} \longleftrightarrow \neg (\text{HET} \in \text{het}).$

Das ist der formale Widerspruch, den es zu klären gilt.

P 3   Das gängige Verfahren zur Vermeidung der sog. semantischen Antinomien, zu denen auch die Grellingsche Antinomie gehört, fordert die „Preisgabe der semantischen Geschlossenheit der Sprache". Denn, so weiter Stegmüller, „erst die totale Aufsplitterung der ursprünglich einheitlichen Sprache in zwei Sprachstufen: Objekt- und Metasprache und die darin implizit enthaltene Sinnloserklärung aller Ausdrücke, in denen sich semantische Prädikate auf Sätze derselben Sprache, in der sie selbst vorkommen, beziehen, schafft also eine Garantie dafür, daß Antinomien der geschilderten Art nicht mehr aufzutreten vermögen" (Stegmüller WAHRHEITSPROBLEM 38). Diese „totale Aufsplitterung" der Sprache in Objekt- und Metasprache geht auf Vorschläge von Chwistek (1921) und Ramsey (1925) zurück, die eine Vereinfachung der sog. „verzweigten Typentheorie" anstrebten (Bocheński LOGIK 462, 464, Quine SET 255 f). Diese „verzweigte Typentheorie", die zuvor von Russell/Whitehead (PRINCIPIA) zur Vermeidung der semantischen Antinomien eingeführt worden war, enthält als wesentliches Element ebenfalls eine Hierarchie von „Sprachstufen". Auf eine ausführliche Erörterung muß hier verzichtet werden. Wir verdeutlichen nur kurz das Prinzip und die Konsequenzen für das Antinomienproblem: Die Theorie der Sprachstufung vermeidet die aus $\bigwedge_{x} (X \in \text{het}) \longleftrightarrow \neg (X \in x)$ folgende Kontradiktion HET $\in$ het $\longleftrightarrow \neg$ (HET $\in$ het) nun in der Weise, daß das Prädikat x und der ihm zugeordnete Name X verschiedenen Sprachstufen zugerechnet werden, die nicht in *derselben* Formel auftreten dürfen. Dadurch wird es, wie wir gleich sehen werden, unmöglich, daß ein Ausdruck von der Art (3) überhaupt formuliert werden kann. Dieses Vorgehen ist im Sinne der Semantik durchaus naheliegend und plausibel: Wird das Prädikat x der *Objektsprache* zugerechnet, dann müssen X (als *Name für x*) und het (als *Prädikat für X*) der *Metasprache* angehören. Wird diese Sprachstufung durch Indizes (1 für die Objektsprache, 2 für die Metasprache) berücksichtigt, so müßte (3) (wiederum ohne die Nebenbedingung X bez x) die folgende Form erhalten:

(5) $(X_1)_2 \in \text{het}_2 \longleftrightarrow \neg ((X_1)_2 \in x_1)$.

P 4   Hier wird sofort deutlich, daß die rechte Seite gar nicht zulässig ist, da x_1 und $(X_1)_2$ verschiedenen Sprachstufen angehören. Allgemein gesagt: ein Ausdruck der Form $(X_n)_{n+1} \in x_n$ ist im Sinne der Sprachstufung nicht zugelassen, d. h. es ist unzulässig zu behaupten oder zu fra-

126

gen, ob ein Name $(X_n)_{n+1}^*$, der die Eigenschaft x_n bezeichnet, diese Eigenschaft x_n *selbst* besitzt. Die Theorie der Sprachstufung schiebt den Namen für ein Eigenschaftsprädikat auf die nächsthöhere Stufe, trennt den Namen dadurch von dem bezeichneten Eigenschaftsprädikat und schließt so jede Form des *Selbstbezugs* per definitionem aus — denn, so Russells Argumentation, "in all the above contradictions... there is a common characteristic, which we may describe as self-reference or reflexiveness (Russell PRINCIPIA 61).

P 5 Dagegen steht freilich die schlichte Spracherfahrung, daß sprachlicher Selbstbezug durchaus sinnvoll und widerspruchsfrei möglich ist: Der Ausdruck WORT bezeichnet Buchstabenkomplexe und darum unter anderem auch sich selbst, MEHRSILBIG bezeichnet mehrsilbige Ausdrücke und darum ebenfalls sich selbst, usw. Selbstbezüglichkeit läßt sich auch für das Prädikat „abstrakt" konstatieren, denn es ist selbst ein abstraktes Prädikat. Und für das Prädikat „konkret" kann die Frage, ob es selbst konkret sei, jedenfalls eindeutig mit Nein entschieden werden. — Russells Verdikt über Formen sprachlichen Selbstbezugs ist daher wiederholt infrage gestellt worden. Gödel bemerkt in diesem Sinne, es sei nötig, „to look for another solution of the paradoxes, according to which the fallacy (i. e. the underlying erroneous axiom) does not consist in the assumption of certain self-reflexivities of the primitive terms but in other assumptions about these (Gödel RUSSELL 222). Quine versucht einen modifizierten Ansatz durchzuführen, auf den im Rahmen dieser Skizze nicht näher eingegangen werden kann (vgl. z. B. Quine POINT V. und VI. Aufsatz und SET Kap. XIII). Und v. Kutschera kritisiert die eingeführten Restriktionen zur Vermeidung von Antinomien in dem Sinne, „daß kein direkter Zusammenhang zwischen diesen Restriktionen und den Antinomien aufgewiesen wird: Von der Tatsache, daß die Gesamtheit der klassischen Schlußweisen inkonsistent ist, geht man — gestützt nur durch mehr oder minder überzeugende Plausibilitätsbetrachtungen — dazu über, eine dieser Schlußweisen, die notwendig ist zur Ableitung der Antinomien, herauszugreifen, ihr gewissermaßen die Schuld am Auftreten der Antinomien in die Schuhe zu schieben und sie zu verbieten, ohne sie doch als in sich falsch ausgewisen zu haben". Statt der Radikaltherapie zur *Vermeidung* von Antinomien möchte v. Kutschera daher zunächst „eine intuitive *Erklärung* für die Antinomien suchen, um die Modifikationen des Systems dann so fassen, daß genau die aufgedeckten Fehler ausgeschaltet werden" (v. Kutschera ANTINOMIEN 6, 14). Er arbeitet dabei mit einer konstruktivistischen Version des bereits von Russell/Whitehead eingeführten „Circulus-vitiosus-Prinzips", „nach dem Entitäten, die ihre eigene Existenz zur Voraussetzung ihrer Konstruierbarkeit haben, nicht als existierend angenommen werden dürfen". v. Kutschera kann nachweisen, daß die Antinomien, insbesondere auch die hier als Beispiel gewählte Grellingsche Antinomie, durch „bedeutungsabhängige" Begriffe entstehen, die aber „fehlerhaft zirkulär" und darum „tatsächlich bedeutungslos sind" (a. a. O. 15, 60 f, 16 f, 57). Ähnliche Zirkularitäten treten nach v. Kutschera „auch beim Beweis von Gödel auf" (93). Kurz, „hatte man, in Anlehnung an Tarski (WAHRHEITSBEGRIFF), gehofft, die Ursache der Antinomie in der semantischen Geschlossenheit der Sprache gefunden zu haben und sie mit der Aufgabe der semantischen Geschlossenheit vermeiden zu können, so zeigt sich nun, daß diese Hoffnung trügt" (a. a. O. 76). — Damit scheint festzustehen, daß das generelle Verbot eines sprachlichen Selbstbezugs mindestens fragwürdig ist.

P 6   Die von v. Kutschera gegebene Erklärung für das Auftreten von Antinomien sowie die technisch-formale Behandlung des Problems ist überzeugend. Nur kann hier *weitergefragt* werden, wieso überhaupt und unter welchen Bedingungen Zirkularitäten auftreten, ferner, ob das Verdikt der Bedeutungslosigkeit zirkulärer Gebilde so generell gerechtfertigt ist, und schließlich auch, wie Zirkularität und sprachlicher Selbstbezug zusammenhängen. Wir wollen versuchen, eine Antwort auf diese Fragen zu skizzieren. — Wir betrachten zunächst ein Beispiel eines Ausdrucks, dessen Selbstbezüglichkeit offenkundig „harmlos" ist: Das Wort WORT hat selbst die Eigenschaft, die es bezeichnet, nämlich Wort zu sein. Wir illustrieren die Situation durch eine grafische Darstellung:

$$(6) \qquad \left(\begin{matrix} \text{WORT} \\ \text{wort} \end{matrix} \right) \rightleftarrows \left(\begin{matrix} \text{X} \\ \text{wort} \end{matrix} \right).$$

Die großgeschriebenen Ausdrücke sind hier als reale Gebilde zu deuten, etwa als wirklich hingeschriebene wirkliche Buchstaben. Unter diesen Gebilden sind ihnen zukommende Eigenschaften (in Kleinschrift) explizit angegeben, hier die Eigenschaft „wort". Der Pfeil ist als „bezeichnet" (Bezeichnungsrelation) zu verstehen. (6) ist daher so zu lesen: Das reale

Gebilde WORT bezeichnet die Ausdrücke X, denen die Eigenschaft „wort" zukommt, also Ausdrücke wie HAUS, BAUM, KALT usw. Und da WORT die von ihm bezeichnete Eigenschaft „wort" ebenfalls besitzt, ist es selbstbezüglich, d. h. es bezeichnet unter anderem auch sich selbst.

P 7 In gleicher Weise soll nun die Grellingsche Antinomie veranschaulicht werden: Wir betrachten die Ausdrücke X, die jeweils Objekte Y mit der Eigenschaft x bezeichnen, während die X selbst diese Eigenschaft *nicht* besitzen sollen. Die Ausdrücke X, die somit als „heterologisch" (abgekürzt „het") definiert sind, mögen ihrerseits durch den Ausdruck HET bezeichnet werden. Diese Situation wird durch den folgenden Graph veranschaulicht:

$$(7) \qquad \left(\begin{matrix} \text{HET} \\ \\ \end{matrix} \right) \searrow \left(\begin{matrix} \text{X} \\ \text{het} \end{matrix} \right) \searrow \left(\begin{matrix} \text{Y} \\ \text{x} \end{matrix} \right) .$$

Aber was gilt für den Ausdruck HET selbst, bezeichnet er sich selbst oder bezeichnet er sich nicht selbst? Da für HET zunächst keine Eigenschaften angebbar sind, scheint ihm insbesondere auch die Eigenschaft „nichtselbstbezüglich" zu fehlen, die durch HET bezeichnet wird. d. h. HET bezeichnet sich scheinbar nicht selbst und ist somit offenbar (doch!) nichtselbstbezüglich — dasselbe in der gewählten grafischen Darstellung:

$$(8) \qquad \left(\begin{matrix} \text{HET} \\ \text{het} \end{matrix} \right) \searrow \left(\begin{matrix} \text{X} \\ \text{het} \end{matrix} \right) \searrow \left(\begin{matrix} \text{Y} \\ \text{x} \end{matrix} \right) .$$

In dem Augenblick aber, in dem HET das Prädikat het zugesprochen erhält, besitzt es selbst die Eigenschaft, die es bezeichnet, und das heißt nun, es wird „autologisch" („aut"): im Widerspruch zur Annahme der Nicht-Selbstbezüglichkeit. — Deshalb nehmen wir jetzt an, daß HET aut ist, grafisch:

$$(9) \qquad \left(\begin{matrix} \text{HET} \\ \text{aut} \end{matrix} \right) \searrow \left(\begin{matrix} \text{X} \\ \text{het} \end{matrix} \right) \searrow \left(\begin{matrix} \text{Y} \\ \text{x} \end{matrix} \right) .$$

Aber: gerade diese Zuordnung macht, daß HET nun die von ihm bezeichnete Eigenschaft het selbst nicht mehr besitzt und daher, wieder im Gegensatz zur gemachten Annahme, doch nicht aut sein kann. Es muß vielmehr het sein, was, wie gezeigt, aber wieder aut impliziert, usw.

Insgesamt also: jede Annahme hinsichtlich der Selbstbezüglichkeit von HET impliziert das genaue Gegenteil.

P 8   Dies ist zunächst nur die Veranschaulichung der Grellingschen Antinomie in der hier gewählten grafischen Darstellung, in der die von v. Kutschera konstatierte „Zirkularität" besonders deutlich hervortritt. Darüberhinaus wird deutlich, *warum* es zum Auftreten der Zirkularität kommt bzw. kommen muß: Die fragliche Eigenschaft „het" ist offenbar keine „normale" Eigenschaft, wenn als „normal" gelten darf, daß eine Eigenschaft sich nicht daurch verändert, daß sie bezeichnet wird. Man denke an das in (6) dargestellte Beispiel der Eigenschaft „wort". Die Eigenschaft „het" ist in diesem Sinne nicht normal, sondern verändert sich, wenn sie in eine Bezeichnungsrelation eintritt: *Indem* HET die Eigenschaft „het" bezeichnet, tritt sie an ihm selbst auf. Aber gerade *dadurch* wird HET „aut" und verliert „het". Und gerade *dadurch* wird es wieder „het" und verliert „aut" usw. — Ein solchermaßen „changierendes" Verhalten kann, im Sinne der Systemtheorie, als *„Rückkopplung"* gedeutet werden. Man denke an technische Beispiele, eine elektrische Unterbrecherschaltung etwa: Wird der Unterbrecherkontakt geschlossen, so fließt ein Strom, der einen Magnetschalter betätigt und gerade dadurch zur Unterbrechung des Schaltkontaktes führt. Die Stromunterbrechung läßt den Magnetschalter aber wieder zurückfallen und den Stromkreis erneut schließen, usw. Der Schaltkontakt schwingt zwischen kontradiktorischen Schaltstellungen (Schalter geschlossen, Schalter offen) hin und her. Das antinomische Umschlagen von Begriffsbestimmungen wäre in diesem Sinne gleichsam als „periodischer Schwingfall" einer negativen Rückkopplung zu charakterisieren. — Solche antinomischen Bestimmungen waren bei v. Kutschera als „bedeutungsabhängig" und im Sinne des „Circulus-vitiosus-Prinzips" als „Entitäten" gedeutet worden, „die ihre eigene Existenz zur Voraussetzung ihrer Konstruierbarkeit haben und darum nicht als existierend angenommen werden dürfen" (v. Kutschera ANTINOMIEN 15). Daß diese Deutung einseitig und daher unbefriedigend ist, dürfte mit Hinweis auf das Phänomen „Rückkopplung" plausibel sein. In der Tat haben rückgekoppelte Bestimmungen „ihre eigene Existenz zur Voraussetzung" ihrer selbst, aber deswegen wird man sie nicht schlicht als „nicht existierend" ansetzen dürfen. Gerade für das funktionale Verständnis realer Prozesse sind Rückkopplungseffekte von besonderer Wichtigkeit. Daß dies in v. Kutscheras Analyse außer be-

130

tracht bleibt, ist freilich nicht als Einwand gegen die im übrigen hoch-instruktive Arbeit zu bewerten.

P 9 Um Rückkopplungseffekte angemessen beschreiben zu können, wäre es — wie ein Blick auf die Physik oder Systemtheorie zeigt — nötig, in irgendeiner Weise eine *Zeitbestimmung* einzuführen. Da wir auf diesen Punkt hier nicht näher eingehen können, werden wir uns, wie in der for-malen Logik üblich, darauf beschränken, Rückkopplungseffekte zu *ver-meiden*. Zu diesem Zweck wird ein *Kriterium* für das Auftreten von Rückkopplungseffekten benötigt. — Wir kehren zum Beispiel der Grel-lingschen Antinomie zurück. Zugrunde liegt die Bezeichnungsrelation X bez x. Hierbei wird dem Vorderglied X die Bestimmung het (vgl. P 7) zu-gesprochen, wenn X die bezeichnete Eigenschaft x nicht selbst besitzt. Da het am Vorderglied der Bezeichnungsrelation auftritt, wollen wir sie kurz als „*Vorderbestimmung*" und analog die am Hinterglied auftre-tende Eigenschaft x als „*Hinterbestimmung*" bezeichnen. Die Vorder-bestimmung het liegt also genau dann vor, wenn, wie wir jetzt formu-lieren können, in einer Bezeichnungsrelation die bezeichnete Hinter-bestimmung *nicht zugleich* Vorderbestimmung ist. Dies ist die *Realisa-tionsbedingung* von het, und hierbei ist offenbar *implizit vorausgesetzt*, daß het nicht selbst *Hinter*bestimmung in der Bezeichnungserlation ist, denn sonst müßte ja — da het zugleich als *Vorder*bestimmung der Be-zeichnungsrelation auftritt — *doch* eine Korrelation von Vorder- und Hinterbestimmung entstehen, und die Realisationsbedingung von het wäre nicht mehr erfüllt. Mit anderen Worten, die Definition von het, also seine *Realisationsbedingung* (die Hinterbestimmung ist nicht zu-gleich Vorderbestimmung), und die *Realisationsform* von het (Auftreten als Vorderbestimmung): beides zusammen ist nur dann verträglich, wenn het *nicht selbst Hinterbestimmung* in einer Bezeichnungsrelation ist. Wird het *doch* als Hinterbestimmung angesetzt, so werden Realisations-bedingung und Realisationsform notwendig *kontradiktorisch*: Denn ist die Realisations*bedingung* erfüllt, so führt die zugehörige Realisations-*form* unmittelbar zur Aufhebung der Realisationsbedingung, damit aber auch zum Verschwinden der Realisationsform, und das heißt aber, er-neut zum Erfülltsein der Realisationsbedingung, usw. Kurz gesagt: die Eigenschaft het ist (hinsichtlich Realisationsbedingung und Realisations-form) so beschaffen, daß sie selbst nicht Hinterbestimmung in einer Be-zeichnungsrelation sein kann, ohne daß Realisationsbedingung und Realisationsform kontradiktorisch werden. Das ist der Grund dafür, daß het keine „normale", sondern eine gleichsam „changierende" Eigenschaft ist (vgl. P 8), die den sie bezeichnenden Ausdruck HET zu einem logisch nicht fixierbaren Ausdruck werden läßt. — Derselbe Mechanismus — Kontradiktorischwerden von Realisationsbedingung und Realisationsform in Grenzfällen — kann auch bei anderen Antinomien nachgewiesen werden. Man denke etwa an die früher analysierte Richardsche Antinomie (Kapitel G), wo wir eine „mathematische" und eine „sprachliche" Hinsicht unterschieden hatten, deren Verquickung dort zum Widerspruch führte. Jetzt wird deutlicher, warum es zu dieser Verquickung kommen *muß*: Die „mathematische" Hinsicht enthält die Realisationsbedingung für die „sprachliche" Hinsicht, die aber nun durch die lexikografische Auflistung und Numerierung der sprachlichen Ausdrücke ihrerseits in eine „mathematische" (ordinale) Hinsicht transformiert wird. Realisationsbedingung und Realisationsform sind jetzt also *beide* als „mathematische" Hinsichten bestimmt, die zwar unterschieden sein sollen, bei Selbstanwendung aber zusammenfallen müssen. Das Gödelsche „Arithmetisierungsverfahren" (vgl. G 7 f), das zu „formal unentscheidbaren" Sätzen führt, verfährt prinzipiell ähnlich. Auch die anderen Antinomien, insbesondere die Russellsche („Eigenschaft, die sich nicht selbst zukommt") und die Wahrheitsantinomie („Dieser Satz ist falsch") können, wie sich leicht zeigen läßt, in dieser Weise analysiert werden.

P 10 Nachdem das Zustandekommen des antinomischen Rückkopplungseffektes soweit geklärt ist, bleibt zu überlegen, was — im Fall der Grellingschen Antinomie — zur Vermeidung getan werden kann. Zunächst: wir hatten gesehen, daß in der Definition von het unausgesprochen *mit vorausgesetzt* ist, daß die Vorderbestimmung het nicht als Hinterbestimmung in einer Bezeichnungsrelation auftreten darf. Heißt das nun aber, daß, um möglichen Kontradiktionen vorzubeugen, eine an sich sinnvolle und naheliegende Bestimmung wie het überhaupt nicht verwendet werden dürfte? Eine solche „Lösung" erscheint in sprachlicher Hinsicht absurd. Wird diese Möglichkeit aber nicht akzeptiert, will man also auf die Bestimmung het nicht verzichten, so scheint nur die Möglichkeit zu bleiben, daß het „unausdrücklich", d. h. ohne den *Ausdruck* HET, der het bezeichnet, verwendet wird. Ein solches Ansinnen erscheint nicht weniger absurd, denn das hieße doch, ein „Gemeintes" beschwören, das der Formulierung gleichwohl unerreichbar sein soll. —

Bleibt aber, wenn derartige „Lösungen" abgelehnt werden, überhaupt eine Lösung? Wir wollen weder auf die Bestimmung het noch auf den Ausdruck HET, der sie bezeichnet, verzichten. Offenbar bleibt dann nur der Ausweg einer *Modifizierung* in der Definition von het, in der Weise nämlich, daß die modifizierte Bestimmung ihr Bezeichnetwerden durch einen Ausdruck nicht mehr ausschließt. Die Frage ist, *wie* modifiziert werden soll.

P 11   Der Widerspruch war aufgetreten, weil die Bestimmung het, also „heterologisch" oder *„nicht*-selbstbezüglich", die durch HET bezeichnet wird, an HET selbst auftritt und insofern *doch* Selbstbezüglichkeit vorliegt. Der Widerspruch kann also nur dadurch vermieden werden, daß der an HET *unbeabsichtigt* auftretende Selbstbezug eliminiert wird. Das aber bedeutet, daß HET nicht mehr die Bestimmung het *schlechthin* bezeichnen darf, sondern nur — und das entspricht auch dem ursprünglich intendierten Sinn von het —, insofern het an *anderen* Ausdrücken X vorkommt und nicht an HET selbst. Wir verdeutlichen dies mit Hilfe der schon mehrfach verwendeten grafischen Darstellung, indem wir von dem zunächst antinomischen Ansatz (8) ausgehen:

$$(10) \qquad \left(\begin{array}{c} \text{HET} \\ \text{het} \end{array} \right) \searrow\!\!\!\nearrow \left(\begin{array}{c} \text{X} \\ \text{het} \end{array} \right) \searrow\!\!\!\searrow \left(\begin{array}{c} \text{Y} \\ \text{x} \end{array} \right) .$$

Die Bestimmung het tritt hier zweimal auf, aber wir unterscheiden jetzt het, bezogen auf X, von het, bezogen auf HET. Um diesen Unterschied festzuhalten, wollen wir HET und die an *ihm* vorkommende Bestimmung het mit einem Akzent *markieren*:

$$(11) \qquad \left(\begin{array}{c} \text{HET}' \\ \text{het}' \end{array} \right) \searrow\!\!\!\searrow \left(\begin{array}{c} \text{X} \\ \text{het} \end{array} \right) \searrow\!\!\!\searrow \left(\begin{array}{c} \text{Y} \\ \text{x} \end{array} \right) .$$

Die so unterschiedenen Bestimmungen het und het′ können nun nicht mehr verwechselt werden, der antinomische Rückkopplungseffekt kann nicht mehr auftreten. Wie aber ist der hier markierte Unterschied selbst zu deuten? Ist nicht die Markierung nur ein Kunstgriff, um an sich identische Bestimmungen künstlich zu unterscheiden?

P 12   Die Antwort ist Ja und Nein. Ja, wenn die relationsglied-*bezogene* Bestimmung „heterologisch" abstrakt, d. h. glied*unabhängig* betrachtet wird. Unter diesem Aspekt liegen, rein funktional gesehen, in der Tat identische Bestimmungen vor, die dann einen Rückkopplungseffekt ergeben. Nein, wenn die leitende Absicht in der Definition von het ernst genommen wird: Die Definition will *eindeutig* sein, und das heißt, die *Gliedbezogenheit* von het darf nicht unterschlagen werden. het ist dann in der Tat von het' zu unterscheiden, denn beide beziehen sich auf verschiedene Ausdrücke, und dieser Bezug ist für die „modifizierte" Definition von het wesentlich: het wird nur dann durch HET' bezeichnet, wenn es an *anderen*, von HET' verschiedenen Ausdrücken vorkommt. Die Markierung stellt in diesem Sinne eine unumgängliche Zusatzbestimmung dar, um den bezeichneten Ausdruck *als anderen* gegenüber dem bezeichnenden Ausdruck selbst kenntlich zu machen. Mit den früher eingeführten Begriffen könnte man auch sagen, die Realisations*form* der an HET' auftretenden Bestimmung het' ist so abgewandelt worden, daß die kontradiktorische Rückkopplung mit der Realisations*bedingung* ausgeschlossen ist, het und het' sind in der so abgewandelten (markierten) Erscheinungsform gewissermaßen „entkoppelte" Bestimmungen. Diese Hinweise mögen fürs erste genügen, wir werden aber in einem späteren Abschnitt (P 16) noch einmal ausführlich auf diesen Punkt zurückkommen.

P 13   Welche Konsequenzen mit dem hier vorgeschlagenen „Markierungsverfahren" verbunden sind, wird deutlicher, wenn das Gefüge der Bezeichnungsrelationen vervollständigt wird: HET' bezeichnet ja nur die Bestimmung het, *nicht* aber die *eigene* („markierte") Bestimmung het'. Um diese „*Repräsentationslücke*" zu schließen, führen wir einen weiteren Ausdruck HET ein — der Grund für *diese* Wahl wird sich gleich zeigen —, der gerade die HET' zugeordnete Eigenschaft het' bezeichnen soll:

$$(12) \quad \left(\begin{array}{c} \text{HET} \\ \end{array} \right) \searrow \left(\begin{array}{c} \text{HET'} \\ \text{het'} \end{array} \right) \searrow \left(\begin{array}{c} \text{X} \\ \text{het} \end{array} \right) \searrow \left(\begin{array}{c} \text{Y} \\ \text{x} \end{array} \right) \quad .$$

Natürlich entsteht sofort die Frage: welche Eigenschaft wird dem neu eingeführten Ausdruck HET selbst zukommen? Die durch ihn bezeichnete Hinterbestimmung het' kann es nicht sein, denn das würde offensichtlich erneut den antinomischen Rückkopplungseffekt, jetzt freilich für die markierte Bestimmung het', ergeben. Das in P 12 eingeführte Markierungsverfahren scheint daher sinngemäß die Einführung einer neuen, „höheren" Markierung nahezulegen:

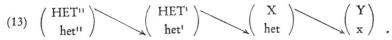

$$(13) \quad \begin{pmatrix} HET'' \\ het'' \end{pmatrix} \searrow \begin{pmatrix} HET' \\ het' \end{pmatrix} \searrow \begin{pmatrix} X \\ het \end{pmatrix} \searrow \begin{pmatrix} Y \\ x \end{pmatrix} \ .$$

Das Verfahren hat Erfolg, die Rückkopplung ist vermieden, aber: die leitende Absicht bei der Einführung des neuen Ausdrucks HET'' — Vervollständigung der Bezeichnungsrelationen, Schließung der „Repräsentationslücke" — ist nicht erfüllt. Denn mit HET'' ist zugleich eine *weitere* Eigenschaft het'' aufgetreten, für deren Bezeichnung erneut ein Ausdruck HET''' benötigt würde, usw. ad infinitum. Das Verfahren müßte unaufhörlich fortgesetzt werden, weil auf jeder neuen Stufe immer wieder dasselbe Problem entsteht: Mit der Schließung einer Repräsentationslücke wird zugleich eine neue Lücke aufgerissen. Es ist derselbe Mangel, der in der Theorie der Sprachstufen aufgetreten war (vgl. P 4). Das hier eingeführte „Markierungsverfahren" scheint darin nicht besser zu sein, es folgt scheinbar demselben Prinzip, das auf eine prinzipiell unabschließbare Stufenfolge von Metasprachen hinausläuft.

P 14   Der Schein trügt. Die Markierung soll ja, richtig verstanden, nur die Unterscheidung simultan bestehender, *benachbarter* Ausdrücke ermöglichen, denn nur bei Nachbarausdrücken, die im Verhältnis von Vorder- und Hinterglied zueinander stehen, können bei einer gliedabhängigen Bestimmung wie het Rückkopplungseffekte auftreten (vgl. P 9). Wenn es aber nur auf die Unterscheidung *benachbarter* Ausdrücke ankommt, dann genügt offenbar eine einzige Markierung (mit nur einem Akzent), und es ist nicht nötig, „höhere" Markierungen (mit mehreren Akzenten) wie in (13) zu verwenden. Statt (13) haben wir dann

$$(14) \quad \begin{pmatrix} HET \\ het \end{pmatrix} \searrow \begin{pmatrix} HET' \\ het' \end{pmatrix} \searrow \begin{pmatrix} X \\ het \end{pmatrix} \searrow \begin{pmatrix} Y \\ x \end{pmatrix} \ .$$

Und hier zeichnet sich ein *Fortschritt* gegenüber der Stufentheorie ab. Zunächst einmal: Rückkopplungseffekte können offensichtlich nicht entstehen, da *benachbarte* Ausdrücke bereits durch die *eine* Markierung wohlunterschieden sind. Andererseits, und das ist der entscheidende Punkt: die in (13) unabschließbare *Repräsentationslücke* ist in (14) *geschlossen:* Denn der neu eingeführte Ausdruck HET besitzt, ebenso wie X, die Eigenschaft het, mit anderen Worten, *HET ist selbst ein X* und wird als solches bereits durch HET' bezeichnet. Wird dies in der Darstellung (14) berücksichtigt, so erhalten wir

135

$$(15) \quad \left(\begin{array}{c} \text{HET} \\ \text{het} \end{array}\right) \diagdown\!\!\!\!\diagup \left(\begin{array}{c} \text{HET'} \\ \text{het'} \end{array}\right) \diagdown \left(\begin{array}{c} X \\ \text{het} \end{array}\right) \diagdown \left(\begin{array}{c} Y \\ x \end{array}\right) .$$

Dieses „Repräsentationsgefüge" ist *vollständig* in dem Sinne, daß jeder repräsentieren*de* Ausdruck selbst auch repräsentiert *wird*, und es bleibt, im Gegensatz zur unabschließbaren Hierarchie der Metastufen, *keine* Repräsentationslücke zurück.

P 15   Das Markierungsverfahren entspricht zunächst noch der klassischen Stufentheorie. Der Unterschied zeigte sich im weiteren Vorgehen: In der Stufentheorie wird der antinomische Effekt sozusagen nur punktuell behoben, wobei das Problem auf die nächsthöhere Stufe verschoben wird. Ein unendlicher Progreß ist dadurch unvermeidlich. Anders bei dem hier vorgeschlagenen Verfahren, das nicht Sprachstufen übereinanderschichtet, sondern *auf die Grundstufe zurückkehrt*. Das Repräsentationsgefüge weist damit nicht mehr die Struktur einer unendlichen Schichtenfolge auf, sondern besitzt gleichsam *Kreisform*: ein *Gegegenseitigkeitsverhältnis* unterschiedener, aber in dieser Unterscheidung doch identischer Ausdrücke, *die wechselweise Objekt- und Metasprache voneinander sind*. Mit anderen Worten, dieses Sprachgefüge ist *semantisch geschlossen*, denn in ihm können, wie wir hier am Beispiel von „heterologisch" gezeigt haben, auch die auftretenden *metatheoretischen* Bestimmungen noch formuliert (in unserem Beispiel: bezeichnet) werden, und zwar *ohne* daß die Grellingsche Antinomie entsteht. Allgemein gesehen kann die semantische Geschlossenheit einer Sprache also nicht der eigentliche Grund für das Auftreten von Antinomien sein. Das gilt insbesondere für den Fall selbstbezüglicher Ausdrücke: denn, so hat sich gezeigt, nicht Selbstbezüglichkeit schlechthin, sondern der durch *Rückkopplung* entstehende *unbeabsichtigte* Selbstbezug erzeugt den antinomischen Effekt und genau dieser Effekt wird durch das Markierungsverfahren beseitigt. Ein generelles Verbot selbstbezüglicher Ausdrücke im Sinne der Sprachstufung ist daher unangebracht und im Blick auf die Umgangssprache ohnehin absurd.

P 16   Was freilich einer weiteren Klärung bedarf, ist gerade die hier zentrale Unterscheidung markierter und nicht markierter Ausdrücke. Wie wir in P 12 gesehen hatten, handelt es sich zunächst nur um die unterschiedliche Gliedzugehörigkeit ansonsten funktionsgleicher Bestimmungen: X ist heterologisch (nicht-selbstbezüglich), und für HET', das die Ausdrücke X bezeichnet, gilt funktionsmäßig dasselbe. Aber da HET' diese Eigenschaft definitionsgemäß nur bei *anderen* Ausdrücken bezeichnen kann, nicht bei sich selbst, muß es gleichsam künstlich zu einem „anderen" Ausdruck gemacht werden, damit es sich in dieser Weise, gewissermaßen indirekt, doch selbst bezeichnen kann. Das so entstehende Gegenseitigkeitsverhältnis von HET und HET' (vgl. (15)) kann insofern als *modellhafte Verdoppelung* gedeutet werden. HET und HET' sind sozusagen Spiegelbilder voneinander, die sich gleichen, aber in dieser Gleichheit doch unterschieden sind (z. B. durch ihre räumliche Trennung). Hier ist der Ausgangspunkt unserer Antinomiendiskussion — der *Modellbegriff* — wieder in Sicht gekommen. Wir wollen deshalb abschließend überlegen, welche Aspekte sich vom Modellbegriff her ergeben. — *Vorgegeben* sind zunächst Ausdrücke X mit der Eigenschaft het. Nun wird ein neuer Ausdruck HET' eingeführt, der die X bezeichnet, sie repräsentiert und so, als deren Repräsentant, gleichsam *Modell* der X ist. *Indem* aber HET' diese Modellfunktion ausübt, nämlich *andere*, nicht-selbstbezügliche Ausdrücke bezeichnet, *wird es selbst* zu einem nicht-selbstbezüglichen Ausdruck, offenbar jedoch *nicht* vom Typ X: denn HET' selbst ist ja kein „vorgegebener", „anderer", nicht-selbstbezüglicher Ausdruck, sondern *gewinnt* Nicht-Selbstbezüglichkeit erst *im Bezeichnen* von vorgegebenen, anderen Ausdrücken. Mit anderen Worten: da die Klasse der X definitionsgemäß schon *sämtliche* Ausdrücke mit der Eigenschaft het enthalten soll, so muß diese bei HET' *im Bezeichnungsvollzug* noch einmal auftretende Eigenschaft von der vorgegebenen Eigenschaft het unterschieden werden, andernfalls wäre das Repräsentationsgefüge im Konflikt mit den Voraussetzungen, auf denen es selbst beruht. Die am „Modell" neu auftretende Eigenschaft muß deshalb als het' von der vorgegebenen Eigenschaft het unterschieden werden. het' ist insofern ein unmittelbarer Reflex der *Modellfunktion* von HET', Ausdruck der modellierenden, sprachbildenden Tätigkeit oder Sprachpraxis, die mit der Einführung von HET' vollzogen ist. HET' gewinnt dadurch *in seiner Funktion* als Modell einen noch nicht vorgegebenen, neuen Aspekt, der erst in der „*metatheoretischen*" Einstellung, sozusagen „von außen", sichtbar wird. Gerade dieser *im Sprachvollzug erst konstituierte „Außenbezug"*, wie wir früher formulierten, ist das, was HET' typmäßig von X und entsprechend het' von het unterscheidet.

P 17   Wird in dieser Weise HET′ als Repräsentant und insofern als „Modell" der Ausdrücke X interpretiert, dann ist nunmehr HET, das seinerseits HET′ repräsentieren soll, als *Modell des Modells* von X aufzufassen. Das typmäßige Neue, das HET′ gegenüber X aufweist und von HET′ selbst daher nicht mitrepräsentiert werden kann, also das, was wir als „Außenbezug" im metatheoretischen Sinne bezeichnet hatten, wird nun von HET repräsentiert, das dadurch die Repräsentationslücke im Modellgefüge schließt. Durch das Modell des Modells wird der Außenbezug des Modells selbst noch modellmäßig in das Modellgefüge einbezogen, gleichsam nach innen gewendet, „reflektiert", und das Gefüge dadurch in sich geschlossen. — Indem HET und HET′ sich in dieser Weise *gegenseitig* repräsentieren (vgl. (15)), wird zugleich *explizit* faßbar, daß beide Ausdrücke, in verschiedener Hinsicht zwar, funktionsmäßig identisch sind. Dasselbe andersherum gesagt: die Identität von HET und HET′ kann überhaupt nur *in der Nichtidentität* beider existieren, denn die naive Identifizierung von HET und HET′ würde, wie wir sahen, durch den entstehenden Rückkopplungseffekt nur ein haltloses Oszillieren zwischen Identität und Nichtidentität auslösen. In dem Gegenseitigkeitsverhältnis von HET und HET′ aber wird so etwas wie ein stabiles Gleichgewicht beider möglich, beide sind identisch in ihrer Nichtidentität. Es handelt sich hier offenkundig um eine Form des *indirekten* Selbstbezugs. Selbstbezug im strengen Sinne ist ja, wie wir gesehen haben, durch die Definition von „nicht-selbstbezüglich" von vornherein ausgeschlossen, aber indem HET und HET′ sich in der Weise modellhafter Verdoppelung gegenseitig repräsentieren, ist *indirekt* doch ein Selbstbezug hergestellt, der die semantische Geschlossenheit des Sprachaufbaus sichert.

P 18   Semantische Geschlossenheit und Selbstbezug: hierdurch ist gerade das charakterisiert, was wir früher (vgl. O 5) als *„Selbstrepräsentanz"* einer Sprache bezeichnet hatten. Damit ist nun, so meinen wir, eine Antwort auf die Frage möglich geworden, die der unmittelbare Ausgangspunkt unserer Überlegungen zum Antinomienproblem gewesen war (vgl. O 8), die Frage nämlich, ob die geforderte Selbstrepräsentanz von Sprache überhaupt realisierbar ist, *ohne* daß Antinomien auftreten. Unsere Antwort darauf lautet jetzt: Es ist nicht der Selbstbezug schlechthin, der zu Antinomien führt, sondern der unbeabsichtigte Rückkopplungseffekt (vgl. P 9), die undurchschaute Selbstrückbezüglichkeit an sich *nicht-*

selbstbezüglicher Prädikate. Der antinomische Effekt verschwindet, wie wir gesehen haben, wenn die hier auftretende Selbstbezüglichkeit als Form des indirekten Selbstbezugs begriffen ist. Es ist daher als verfehlt zu bezeichnen, wenn der Sprache, unter Hinweis auf das Antinomienproblem, die Möglichkeit der Selbstrepräsentanz generell *abgesprochen* wird. — Die indirekte Form des Selbstbezugs durch modellhafte Verdoppelung erinnert übrigens an die (heute im wesentlichen aufgeklärte) Funktionsweise der Geninformation im Zellkern einer organismischen Zelle: Auch die Geninformation ist gleichsam spiegelbildlich vorhanden, nämlich in Form komplementärer Molekülhälften eines DNS-Moleküls. Die in jeder der beiden Hälften gespeicherte Information steuert einmal die Synthese der funktionsregelnden Proteine. In ihrer Ganzheit steuert sie andererseits aber auch ihre eigene Selbstreproduktion (bei der Zellteilung), indem sich die spiegelbildlichen Hälften trennen und jede „ihr" Spiegelbild reproduziert. Auch die Geninformation ist insofern — durch modellhafte Verdoppelung — ein „vollständiges" Modell: der Proteinsynthese einerseits *und* der eigenen Selbstreproduktion andererseits.

P 19   Diese Überlegungen untermauern die zunächst mehr intuitiv formulierte These, daß die Vollständigkeit einer Modellstruktur erst durch Hinzunahme eines Modellmodells möglich wird. Freilich: effektiv in diesem Sinne kann das Modell des Modells nur dann sein, wenn es die Lücke im Modellgefüge schließt, ohne zugleich eine neue aufzureißen. In dem hier betrachteten Beispiel der Grellingschen Antinomie ist deshalb der entscheidende Punkt der, daß das Modellmodell HET *selbst als ein X* bestimmt ist und als solches bereits von HET' mitrepräsentiert wird. Anders gesagt, HET kann nur deshalb wirklich als Modell des Modells funktionieren, weil es nicht aus dem System herausfällt und auf diese Weise tatsächlich *Selbstrepräsentanz* für das System ermöglicht. Die so erreichte Vollständigkeit im Sinne der geschlossenen Modellstruktur ist der entscheidende Vorzug des hier entwickelten Verfahrens gegenüber dem der Sprachstufung. Metatheoretische Aussagen *über* die Sprache können deshalb, wie wir hier am Beispiel von „nicht-selbstbezüglich" („heterologisch") studiert haben, *in* dieser Sprache selbst formuliert werden, ohne daß die Grellingsche Antinomie entsteht. Auf die Trennung von Objekt- und Metasprache kann somit prinzipiell verzichtet werden. Treten pathologische Ausdrücke wie HET auf, die so definiert sind, daß Realisationsbedingung und Realisationsform im

Falle der Selbstanwendung kontradiktorisch werden, so müssen beide durch modellhafte Verdoppelung bzw. Markierung entkoppelt werden. — Es ist klar, daß die konkreten Probleme der logischen Analyse einer Sprache damit erst angetippt sind. Aber es besteht Hoffnung, so meinen wir, daß von dem hier skizzierten Ansatz her eine weitere Aufklärung insbesondere auch *umgangssprachlicher* Phänomene möglich sein wird.

P 20   Das erhaltene Ergebnis hat möglicherweise Konsequenzen für eine „*kybernetische*" Theorie des Bewußtseins und der Reflexion. Wir wollen dies nur kurz andeuten: Die Gödelsche Unvollständigkeit formaler Systeme pflegt immer wieder als Argument für „die Unmöglichkeit einer formalen Theorie des Bewußtseins (Gerhard Frey) angeführt zu werden. Die einschlägige Argumentation soll durch einige Zitate von G. Frey charakterisiert werden: „Wenn wir eine Theorie des Bewußtseins aufstellen wollen, so ist die Voraussetzung eine Theorie der Reflexion". Und weiter: „Die Bedingung für eine Theorie der Reflexion ist also eine formalisierte Sprache, für die nicht zwischen objekt- und metasprachlichen Ausdrücken unterschieden zu werden braucht" (gesperrt). Aber, so wendet Frey nun ein, „die Gödeltheoreme ebenso wie die anderen metamathematischen Ergebnisse haben gezeigt, daß es nicht möglich ist, ein formales, widerspruchsfreies System anzugeben, in dem alle metatheoretischen Aussagen über dieses System in dem System selbst formulierbar sind . . . Die oben formulierte Bedingung für eine Theorie der Reflexion ist also unerfüllbar. Es kann keine explizit formulierte Theorie der Reflexion geben (gesperrt). Und daher kann es auch keine solche Theorie des Bewußtseins geben, denn sie müßte ja eine Theorie der Reflexion einschließen" (Frey MATHEMATISIERUNG 130 ff). „Insbesondere werden wir daraus schließen müssen, daß es nicht möglich ist, ein vollständiges maschinelles Modell unseres Bewußtseins zu bauen" (Frey BEWUSSTSEIN 9). — Diese ganze Argumentation im Sinne der „Unmöglichkeit einer formalen Theorie des Bewußtseins" und insbesondere der „Unmöglichkeit eines vollständigen Modells unseres Gehirns" (Frey) wird aber hinfällig, wenn, wie im Rahmen dieser Arbeit angedeutet, die Konstruktion sprachlicher Systeme gelingt, die *nicht* mehr im Gödelschen Sinne unvollständig sind, sondern ihren Außenbezug „mitreflektieren", und die, analog zur Umgangssprache, die strikte Trennung von Objekt- und Metasprache überflüssig machen. Die weitere Aufklärung dieser Fragen muß ebenfalls einer gründlicheren Untersuchung vorbehalten bleiben.

Q Schluß

Wenn wir abschließend zurückblicken, dann zeigt sich, daß dem *Modell* eine entscheidende Funktion im Vollzug von Wirklichkeitserfahrung zukommt. Das Modell ist konstruktive Wiederholung und damit zugleich Vorausentwurf von Wirklichkeitserfahrung, — Induktion. Das Modell *ist* nicht schon die Wirklichkeit und ist auch kein bloßes *Abbild* derselben. Eher könnte man sagen, es *buchstabiert* die Wirklichkeit *als logischen Zusammenhang*. Die Logik des Modells ist die Logik der Wirklichkeit, beide haben, mit Wittgenstein geredet, dieselbe „logische Form". Aber es ist nicht so, wie Wittgensteins TRAKTAT es hinstellt, daß Logik und Wirklichkeit identisch *sind* — und dadurch freilich, wie gezeigt, ebensosehr absolute Gegensätze *sind*. Dieser Widerspruch löst sich auf, wenn Logik und Wirklichkeit nicht mehr als vorhanden, fertig, feststehend, sondern als *vollzogener Prozeß* verstanden werden. Für Logik und Wirklichkeit gilt nicht, daß sie identisch oder nichtidentisch *sind*, sondern daß, von der Nichtidentität ausgehend, Identität *hergestellt* werden kann. Sichtbar wird dies aber erst, wenn Logik, logischer Formalismus, als *Modell*, d. h. als konstruktiver Vollzug von Wirklichkeit begriffen ist. Und begriffen ist der Modellcharakter des Modells erst dann, wenn seine *eigene* Funktion *als Modell* noch mitmodelliert ist. Das Modell des Modells *unterscheidet* Modell und Wirklichkeit und kann erst dadurch die Wechselbeziehung beider als einen Vermittlungsprozeß sichtbar machen. Erst unter diesem Aspekt wird es möglich, *Induktion* als Methode der Wirklichkeitserfahrung zu verstehen und zu begründen: als Vollzugsform eines modellentwerfenden „Subjekts", dessen Wirklichkeitserfahrung von einem modellhaften Vorverständnis geleitet ist und diese im Modell konstruktiv wiederholt und überholt — Induktion als Methode des Findens durch *Erfinden*. Erfinden freilich nicht als ein zielloses Belieben, sondern geleitet von dem bereits verfügbaren bestimmten Modell für das bestimmte Problem, das eine Lösung mit den bestimmten verfügbaren Mitteln motiviert. — Im theoretischen Bereich wäre dies wohl als „*Hermeneutik*" im Sinne einer Theorie des Verstehens zu bestimmen. Da Verstehen aber letztlich auf wirklicher Praxis beruht und also *letztlich* die Möglichkeit einer Rückverwandlung in wirkliche Praxis einschließen muß, darum scheint das Modell, das ein Modell seiner selbst enthält, in letzter Konsequenz ein System zu sein, das als *wirkliches, aktives System* sich in der Wirklichkeit modellentwerfend mit der Wirklichkeit vermittelt und zuletzt noch *sich selbst als modell-entwerfend* reflexiv mit sich selbst vermittelt — selbst *Subjekt* jenes Praxisvollzuges, in dessen Horizont Wirklichkeit rekonstruiert und auch dieses Rekonstruieren noch mit rekonstruiert wird: Das bedeutet, um auf die hier thematisierte Grundfrage zurückzukommen, daß das Subjekt der Erfahrung *seine Logik als sein wirkliches Tun* in der Wirklichkeit und *insofern als Logik der Wirklichkeit* zu deuten hat. Als universale Logik also, jedoch gerade nicht im Sinne von Wittgensteins TRAKTAT als ein fixes, unabänderliches, aber damit eben doch wieder hinterfragbares *Faktum,* sondern als *Vollzugsform.* Das Grundproblem des Logischen Positivismus, dessen Dialektik hier am Werk Rudolf Carnaps exemplarisch studiert worden ist, ist damit als vorläufig und vordergründig entdeckt, — als ein Widerspruch, der sich *im Vollzug* von Erfahrung vielmehr ständig als „Identität der Identität und der Nichtidentität" (Hegel) erweist und auflöst. Dies freilich im Sinne einer *Desavouierung* eben jener Analytischen Wissenschaftstheorie, deren Ziel ja erklärtermaßen die Eliminierung des Erfahrungs-*Subjekts* gewesen war.

Literaturverzeichnis

Apel, Karl Otto
— SPRACHE — Sprache und Wahrheit in der gegenwärtigen Situation der Philosophie. In: Philosophische Rundschau, Band 7, 1959. 161—184.
Avenarius, Richard
— KRAFTMASS — Philosophie als Denken der Welt gemäß dem Prinzip des kleinsten Kraftmaßes. Prolegomenen zu einer Kritik der reinen Erfahrung. 1876. 2., unveränderte Auflage, Berlin 1903.
— ERFAHRUNG — Kritik der reinen Erfahrung. 2 Bände, 1888. 2., verbesserte Auflage, Leipzig 1907.
— WELTBEGRIFF — Der menschliche Weltbegriff. 1892. 3., vermehrte Auflage, Leipzig 1912.
Ayer, A. J. (ed.)
— POSITIVISM — Logical Positivism. Edited by A. J. Ayer. New York 1959.
Benacerraf, Paul / Putnam, Hilary (ed.)
— MATHEMATICS — Philosophy of Mathematics. Selected Readings. Englewood Cliffs, New Yersey 1964.
Beth, E. W.
LANGUAGES — Carnaps View on the Advantages of Constructed Systems over Natural Languages in the Philosophy of Science. In: Schilpp CARNAP, 1963. 469—502.
Bocheński, I. M.
— LOGIK — Formale Logik. Freiburg, München 1956.
Carnap, Rudolf
— AUFBAU — Der logische Aufbau der Welt. 1928. 2. Auflage, Hamburg 1961.
— SCHEINPROBLEME — Scheinprobleme in der Philosophie. Das Fremdpsychische und der Realismusstreit. 1928. Zusammen mit AUFBAU. Hamburg 1961.
— KAILA — Besprechung von Kaila NEUPOSITIVISMUS. In: „Erkenntnis", Band 2, 1930. 75—77.
— SYNTAX — Logische Syntax der Sprache. 1934. 2., unveränderte Auflage, Wien 1968.
— SYNTAX(E) — The Logical Syntax of Language. Translated by Amethe Smeaton. 1. engl. Veröffentlichung 1937. 7. Auflage, London 1967.
— WISSENSCHAFTSLOGIK — Die Ausgabe der Wissenschaftslogik. In: „Einheitswissenschaft", Heft 3. Wien 1934.
Carnap, Rudolf
— TESTABILITY — Testability and Meaning. In: "Philosophy of Science", Vol. 3, 1936, 418—471, und Vol. 4, 1937, 1—40.
— FOUNDATION — Foundation of Logic and Mathematics. In: "International Encyclopedia of Unified Science". Vol. I, Nr. 3, 1939. 9th Impression, The University of Chicago Press 1959.

— SEMANTICS — Introduction to Semantics. 1942. Zusammen mit FORMALIZA-
TION. Harvard University Press 1959.
— FORMALIZATION — Formalization of Logic. 1943. Zusammen mit SEMANTICS.
Harvard University Press 1959.
— MEANING — Meaning and Necessity. 1947. The University of Chicago Press.
2. Auflage 1958.
— PROBABILITY — Logical Foundations of Probability. 1950. 3. Auflage, The
University of Chicago Press 1967.
— EINFÜHRUNG — Einführung in die symbolische Logik (mit besonderer Be-
rücksichtigung ihrer Anwendungen). 1954. 2. Auflage, Wien 1960.
— PRAGMATICS — On Some Concepts of Pragmatics. In: "Philosophical Studies",
Vol. 6. Minneapolis 1955. Abgedruckt in MEANING 248—250.
— THEORETICAL — The Methodological Character of Theoretical Concepts.
1956. In: "Minnesota Studies in the Philosophy of Science", Vol. I: The
Foundations of Science and the Concepts of Psychology and Psychoanalysis.
Hrsg. von H. Feigl, M. Scriven. 5. Auflage. University of Minnesota Press
1964.
— INDUKTIVE — Induktive Logik und Wahrscheinlichkeit. Bearbeitet von W.
Stegmüller. Wien 1959.
— AIM — The Aim of Inductive Logic. 1960. In: Nagel LOGIC 1962, 303—318.
— AUTOBIO — Carnap's Intellectual Autobiography. In: Schilpp CARNAP 1963.
1—84.
— INTUITION — Inductive Logic and Inductive Intuition. In: Lakatos INDUC-
TIVE 1968. 258—314.
— NATURWISSENSCHAFT — Einführung in die Philosophie der Naturwissenschaft.
Hrsg. von Martin Gardner. Aus dem Amerikanischen von Walter Hoering.
München 1969.
Copi, Irving M.
— LOGIC — Symbolic Logic. 1954. 2. Auflage. New York 1965.
Frege, Gottlob
— SINN — Sinn und Bedeutung. 1892. In: G. Frege: Funktion, Begriff, Bedeu-
tung. Fünf logische Studien. Göttingen 1962, 38—63.
Frey, Gerhard
— MATHEMATISIERUNG — Die Mathematisierung unserer Welt. Stuttgart 1967.
— BEWUSSTSEIN — Können Maschinen Bewußtsein haben? In: „n + m. Natur-
wissenschaft und Medizin", Nr. 24, 1968. 3—9.
Fuchs, Walter, R.
— MATHEMATIK — Knaurs Buch der modernen Mathematik. München, Zürich
1966.
Gödel, Kurt
— UNENTSCHEIDBAR — Über formal unentscheidbare Sätze der Principia Mathe-
matica und verwandter Systeme. 1931. Englische Übersetzung: On Formally
Undecidable Propositions of Principia Mathematica and Related Systems.
In: Heijenoort GÖDEL. 1967. 596—616.
— RUSSELL — Russell's Mathematical Logic. 1944. In: Benacerraf/Putnam
MATHEMATICS. 1964. 211—232.

Goodman, Nelson
— STRUCTURE — The Structure of Appearance. Cambridge (Mass.) 1951.
— SIGNIFICANCE — The Significance of „Der logische Aufbau der Welt". In:
Schilpp CARNAP. 1963. 545—558.
Hegel, G. W. F.
— PHÄNOMENOLOGIE — Phänomenologie des Geistes. Hrsg. von J. Hoffmeister.
Hamburg 1952.
Heijenoort, J. V.
— GÖDEL — From Frege to Gödel. A Source Book in Mathematical Logic.
1879—1931. Harvard University Press 1967.
Hempel, Carl G.
— CRITERION — The Empiricist Criterion of Meaning. 1950. In: Ayer POSI-
TIVISM 108—129.
Janich, Peter
— ZEIT — Die Protophysik der Zeit. Mannheim u. a. 1969.
Kaila, Eino
— NEUPOSITIVISMUS — Der logische Neupositivismus. Eine kritische Studie
In: „Annales Universitatis Aboensis", Band XII, Turku (Finnland) 1930.
Kambartel, F.
— ERFAHRUNG — Erfahrung und Struktur. Bausteine zu einer Kritik des Em-
pirismus und Formalismus. Frankfurt/M.
Kraft, Victor
— WIENER — Der Wiener Kreis. Der Ursprung des Neopositivismus. 2. erwei-
terte und verbesserte Auflage. Wien, New York 1968.
Kutschera, Franz v.
— ANTINOMIEN — Die Antinomien der Logik. Semantische Untersuchungen.
Freiburg, München 1964.
Lakatos, Imre
— INDUCTIVE — The Problem of Inductive Logic. Proceeding of the Inter-
national Colloquium in the Philosophy of Science, London, 1965, Vol. 2.
Amsterdam 1968.
Mach, Ernst
— ANALYSE — Die Analyse der Empfindungen und das Verhältnis des Physi-
schen zum Psychischen. 1886. 3. vermehrte Auflage. Jena 1902.
— ERKENNTNIS — Erkenntnis und Irrtum. Skizzen zur Psychologie der For-
schung. 1905. 2. Auflage, Leipzig 1906.
Morris, Charles W.
— FOUNDATIONS — Foundations of the Theory of Signs. 1938. 10. Impression.
University of Chicago Press 1960.
— SIGNS — Signs, Language and Behavior. 1946. Reprinted New York 1955.
Nagel, Ernest
— GÖDEL — Gödel's Proof. 1958. Zusammen mit J. R. Newman. Deutsche
Übersetzung: „Der Gödelsche Beweis". Wien, München 1964.
— LOGIC — Logic, Methodology and Philosophy of Science. Proceedings of
the 1960 International Congress. Edited by Ernest Nagel, Patrick Suppes,
Alfred Tarski. Stanford (Calif.) 1962.

— INDUCTION — Carnap's Theory of Induction. In: Schilpp CARNAP 1963. 785—825.

Neurath, Otto
— SOZIOLOGIE — Soziologie im Physikalismus. In: „Erkenntnis", Band 2, 1931. 393—431.

Popper, Karl Raimund
— FORSCHUNG — Logik der Forschung. 1935. 2. erweiterte Auflage, Tübingen 1966.

Quine, Willard v. O.
— POINT — From a Logical Point of View. 9 Logico-Philosophical Essays. 1953. Second Edition, revised. Cambridge, Mass. 1961.
— SET — Set Theory and its Logic. 1963. Revised Edition. Cambridge, Mass. 1969.

Reichenbach, Hans
— WAHRSCHEINLICHKEITSLEHRE — Wahrscheinlichkeitslehre. Eine Untersuchung über die logischen und mathematischen Grundlagen der Wahrscheinlichkeitsrechnung. Leiden 1935.
— EXPERIENCE — Experience and Prediction. An Analysis of the Foundation and the Structure of Knowledge. 1938. 5. Auflage. The University of Chicago Press 1957.

Russell, Bertrand
— PRINCIPIA — Principia Mathematica. By Alfred North Whitehead and Bertrand Russell. 1910—1913. Paperback Edition to *56. Cambridge 1967.

Schilpp, P. A.
— CARNAP — The Philosophy of Rudolf Carnap. Hrsg. von P. A. Schilpp. The Library of Living Philosophers. 1963.

Schlick, Moritz
— ERKENNTNISLEHRE — Allgemeine Erkenntnislehre. Berlin 1918.

Schulz, Walter
— WITTGENSTEIN — Die Negation der Philosophie. Pfullingen 1967.

Stegmüller, Wolfgang
— GEGENWARTSPHILOSOPHIE — Hauptströmungen der Gegenwartsphilosophie. Eine kritische Einführung. 4. erweiterte Auflage. Stuttgart 1969.
— WAHRHEITSPROBLEM — Das Wahrheitsproblem und die Idee der Semantik. Eine Einführung in die Theorien von A. Tarski und R. Carnap. Wien 1957.
— UNVOLLSTÄNDIGKEIT — Unvollständigkeit und Unentscheidbarkeit. Die metamathematischen Resultate von Gödel, Church, Kleene, Rosser und ihre erkenntnistheoretische Bedeutung. Wien 1959.

Tarski, Alfred
— WAHRHEITSBEGRIFF — Der Wahrheitsbegriff in den formalisierten Sprachen. 1936. Englische Übersetzung in: Tarski LOGIC. Oxford 1956. 102—278.
— LOGIC — Logic, Semantics, Metamathematics. Papers from 1923 to 1938. Oxford 1956.

Tugendhat, Ernst
— TARSKI — Tarskis semantische Definition der Wahrheit und ihre Stellung innerhalb der Geschichte des Wahrheitsproblems im Logischen Positivismus.

Ein kritischer Überblick im Anschluß an W. Stegmüller: Das Wahrheitsproblem und die Idee der Semantik. „Philosophische Rundschau", Band 8, 1960. 131—159.

Weizsäcker, Carl Friedrich v.
— EINHEIT — Die Einheit der Natur. Studien von C. F. v. Weizsäcker. München 1971.

Wittgenstein, Ludwig
— TAGEB — Tagebücher 1914—1916. In: Wittgenstein, Schriften 1. Frankfurt/M. 1960.

— TRAKTAT — Tractatus logico-philosophicus. Logisch-philosophische Abhandlung. 1921. Edition Suhrkamp Nr. 12. 1963.

— GESPRÄCHE — Wittgenstein und der Wiener Kreis von Friedrich Waismann. Aus dem Nachlaß herausgegeben von B. F. McGuinness. In: Wittgenstein, Schriften 3. Frankfurt/M. 1967.

Aus der Reihe problemata

Jürgen Klüver
Operationalismus. Kritik und Geschichte einer Philosophie
der exakten Wissenschaften

Ist Wissenschaft Erkenntnis vorgegebener Strukturen der Realität
oder ist sie Handlung, die Strukturen setzt?
Im Operationalismus wird Wissenschaft auf das Handeln gegründet
und verstanden als Fortsetzung des praktischen Lebens.

Gottfried Gabriel
Definitionen und Interessen
Über die praktischen Grundlagen der Definitionslehre

Diese Arbeit ist eine kritische Auseinandersetzung mit der traditio-
nellen Definitionstheorie im Horizont der Problematik von Erkenntnis und Interesse. Sie untersucht unterschiedliche Auffassungen zu der
Frage des definitorischen Anfangs und der These von der Willkürlich-
keit der Definitionen.

Roland Simon-Schaefer
Dialektik
Kritik eines Wortgebrauchs

Auf Grund der Erkenntnisse der modernen Wissenschaftstheorie werden die gegenwärtigen Vorstellungen von Dialektik einer kritischen
Betrachtung unterzogen, zugleich wird der sinnvolle Gebrauch des
Begriffes rekonstruiert. Der unklaren Verwendung des Wortes „Dialektik", wie sie bei vielen Dialektikern vorherrscht, etwa bei der
Frankfurter Schule, wird eine anwendungsfähige Definition entgegen-
gestellt.

Hermann Oetjens
Sprache, Logik, Wirklichkeit. Theorie und Erfahrung
in K. R. Poppers „Logik der Forschung"

Ausgehend von einer eingehenden Analyse von K. R. Poppers „Logik
der Forschung" entwickelt der Autor eine eigene Begriffstheorie, der-
zufolge Erfahrung prinzipiell als Interpretation von Zeichen zu denken ist. Von diesem Standpunkt aus werden im Hinblick auf das
Problem der Gegenstandskonstitution transzendental-philosophische
mit wissenschaftstheoretischen Analysen fruchtbar verbunden.

Paul Weingartner
Wissenschaftstheorie I - III

Der erste Band dieser Trilogie führt ein in die Wissenschaftstheorie
im allgemeinen. Der zweite Band behandelt die Wissenschaftstheorie
der Logik und Mathematik, der dritte die der deskriptiven und normativen Erfahrungswissenschaften.

Wolfgang Lenzen
Theorien der Bestätigung wissenschaftlicher Hypothesen

Behandelt wird ein Hauptthema der Wissenschaftstheorie. Ausgehend
von den Arbeiten von Popper, Hempel und Carnap werden drei
qualitative Bestätigungsbegriffe kritisch analysiert. Abschließend wird
die Frage nach der wissenschaftlichen Relevanz der verschiedenen Be-
stätigungstheorien zu beantworten versucht.

frommann-holzboog